Francis Johnston, Das Wunder von Guadalupe

Wie schön bist Du,
meine Freundin,
Wie bist Du schön!
Deine Augen
blicken taubengleich.
Sie bergen
in der Tiefe
ein Geheimnis.

Hohelied 4,1

VIA·VERITAS·VITA

FRANCIS JOHNSTON

So hat Er keinem Volk getan

Das Wunder von Guadalupe

Mit einem Vorwort von Bischof Dr. Rudolf Graber

CHRISTIANA-VERLAG
STEIN AM RHEIN

© der englischen Originalausgabe by Francis Johnston.
Die englische Originalausgabe erschien 1981 beim Verlag
AUGUSTINE PUBLISHING COMPANY, CHULMLEIGH,
DEVON EX18 7HL, England, unter dem Titel «The Wonder of
Guadalupe».
Autorisierte Übersetzung aus dem Englischen von Maria Branse.
Im Anhang der «Nican Mopohua», nach der Übersetzung aus dem
Aztekischen ins Spanische von Don Mario Rojas-Sánchez,
aus dem Spanischen übersetzt von Maria Branse.

CIP-Kurztitelaufnahme der Deutschen Bibliothek
Johnston, Francis:
So hat Er keinem Volk getan: Das Wunder von Guadalupe /
Francis Johnston. (Autorisierte Übersetzung aus dem
Englischen von Maria Branse). – 1. Auflage, 1.–22. Tausend –
Stein am Rhein: Christiana-Verlag, 1986.
Einheitssacht.: The wonder of Guadalupe (dt.)
ISBN 3-7171-0882-4

Erste Auflage 1986: 1.–22. Tausend
© CHRISTIANA-VERLAG
    CH-8260 STEIN AM RHEIN/SCHWEIZ
Alle Rechte der deutschen Ausgabe liegen beim Christiana-Verlag
Druck: Bargezzi AG, CH-3000 Bern
Printed in Switzerland
ISBN 3-7171-0882-4

Inhaltsverzeichnis

Vorwort

Von Bischof Dr. Rudolf Graber

Altötting, Einsiedeln und Mariazell sind allbekannte Wallfahrtsorte der deutschsprachigen Länder. Lourdes und Fatima sind die berühmtesten Erscheinungsstätten Mariens in der westlichen Welt. Aber wer kennt Guadalupe, das mexikanische Marienheiligtum, das Erscheinung und Wallfahrt verbindet? Der Verleger hat das Verdienst, Geschichte und Bedeutung Mariens als der «Missionarin der Neuen Welt» (so Johannes XXIII.) nun auch dem deutschen Sprachgebiet in umfassender Weise zugänglich gemacht zu haben. Dem Leser dieses Buches ist fast alles neu, obwohl die Verehrung Unserer Lieben Frau von Guadalupe auch auf die Alte Welt übergegriffen hat; nicht weniger als 25 Päpste haben dazu positiv Stellung genommen, wobei unser jetziger Papst Johannes Paul II. die Madonna von Guadalupe erneut zur Mutter der beiden Amerika erklärt hat. Aber wer kennt die Geschichte von Guadalupe, die immerhin 300 bis 400 Jahre älter ist als die von Lourdes und Fatima und zurückreicht in das Jahr 1531; und wer weiss, dass das dortige Gnadenbild nicht irdischen Ursprungs ist und dass es die Bekehrung von neun Millionen Indios bewirkt hat? Wieder einmal zeigt es sich, dass wir uns fast stets vom äusseren Geschehen beeinflussen lassen, von der Eroberung Mexikos durch Cortés und von der Eingliederung dieses Landes in die Hispanidad, wie überhaupt von der Verbindung der Neuen Welt mit der Alten. Wann werden wir begreifen, dass die Weltgeschichte auch das Übersinnliche und Übernatürliche einbeziehen muss!
Das alles wird uns hier zum Bewusstsein gebracht. Manchmal freilich muss man mehr hinter den Zeilen

lesen und man kommt nicht um zwei Beobachtungen herum. Zunächst: Wir sprechen von der Zeit damals als vom Zeitalter der Conquistadores, der spanischen Eroberer des neuen Kontinents, vergessen und übersehen jedoch, dass auch Gott auf Eroberungen ausgeht und die Mutter seines Sohnes auf Eroberungen aussendet. Und zweitens darf man nicht ausser acht lassen, die Ereignisse von drüben mit denen bei uns zu konfrontieren. Das Erscheinungsjahr 1531 versetzt uns in die trübe Zeit der beginnenden Kirchentrennung, und das Jahr 1530 mit dem Augsburger Reichstag ist wie ein Fanal. In der Schweiz, wo der Reformator Ulrich Zwingli mit einem Heer gegen die katholische Innerschweiz zog, um die Abschaffung der katholischen Religion mit Waffengewalt zu erzwingen, erschien Maria in Luzern dem Ratsherrn Mauritz von Mettenwyl. In Luzern erschien die Muttergottes im gleichen Jahr wie in Mexiko und ebenfalls als Immaculata, als die Frau mit dem Mond unter ihren Füssen, von Strahlen umkleidet. Wenn man diese Daten und Ereignisse vergleicht, spürt man etwas von der Strategie des Herrn der Geschichte. Der Verlust an Seelen in der Alten Welt wird wettgemacht durch die Taufe von Millionen in der Neuen Welt. Dies wird dadurch unterstrichen, dass Gottes Handeln sich irdischer Mittel bedient. Dies alles zu erfahren, ist schon einer Anstrengung wert, zumal wenn dieses «grösste Marienheiligtum der Welt» in die heutige Zeitsituation hineingestellt wird. Ist es nicht eigenartig, dass Maria den aztekischen Schlangenkult beseitigt und damit die Paradiesweissagung von Genesis 3,15 wahrmacht, während der heutige Westen immer mehr dem Gift der Schlange ausgesetzt ist. Aber dass nun in unseren Tagen auch bei uns die Verehrung Unserer Lieben Frau von Guadalupe stärker um sich greift, ist wie ein Wetterleuchten des «Jüngsten» Tages, an dem der Schlange end-

gültig der Kopf zertreten und der Sieg des Reiches Gottes für immer offenbar wird. Die Jungfrau von Guadalupe ist in ihrer einzigartigen Schönheit ein Zeichen, das an das apokalyptische Grosse Zeichen erinnert. Auf dieses Grosse Zeichen dürfen wir unsere Hoffnung setzen.

Aufhausen-Regensburg   Dr. Rudolf Graber
Fest des hl. Thomas von Aquin   Bischof em.

Einführung des Verfassers

Es ist eines der grossen Paradoxe unserer Zeit, dass es, während der Glaube an Gott allgemein zu schwinden scheint, wohl nie zuvor in der Geschichte so viele konkrete, wissenschaftlich fundierte Beweise für seine Realität gegeben hat. Dieselben Technologien, die bemüht wurden, um die Existenz eines höchsten Wesens zu leugnen, dienten auch dazu, seine Realität zu bezeugen, und zwar über den Weg von Forschungen und Beobachtungen, die unter den strengsten Bedingungen der modernen Wissenschaft durchgeführt wurden. Als Beweis seien nur einige neuere Beispiele angeführt, wie etwa die im Gegensatz zu allen bekannten Naturgesetzen stehenden medizinisch bezeugten plötzlichen Heilungen von Krankheiten im Endstadium, die sich in Lourdes, Fatima, Banneux und anderen Wallfahrtsorten ereignen. Als weiteres Beispiel möge der unverweste Leichnam des heiligen Scharbel Machluf dienen, des grossen Heiligen der Messe, der 85 Jahre nach seinem Tod noch immer Blut und Wasser ausschwitzt, wie von der medizinischen Wissenschaft offiziell bestätigt wird; oder das staunenerregende Wunder von Lanciano, das von namhaften Wissenschaftlern im Jahre 1971 nach gründlicher Untersuchung anerkannt wurde; oder die Jahrzehnte andauernde Nahrungslosigkeit der Dienerinnen Gottes Therese Neumann (von 1926 bis zu ihrem Tod 1962), Alexandrina da Costa (von 1942 bis zu ihrem Tod 1955), Martha Robin (von 1928 bis zu ihrem Tod 1981), wobei nach dem Zeugnis namhaftester medizinischer Autoritäten ihre Ernährung von der Eucharistie allein «wissenschaftlich nicht erklärlich» ist.

Dieses Buch berichtet über ein anderes solches Wunder: über das heilige Bild der Muttergottes von Guadalupe in Mexiko-Stadt, dessen übernatürlicher Ursprung in den sechziger Jahren unseres Jahrhunderts wissenschaftlich bewiesen wurde. Hier wird ein gründlicher, auf den neuesten Stand gebrachter Bericht über das wunderbare Ereignis im Lichte der Geschichte und der modernen Wissenschaft vorgelegt, denn es ist verhältnismässig wenig über die erstaunlichen Entdeckungen der letzten Jahre im Hinblick auf das heilige Bild bekannt. Als Unterlage und Studienmaterial diente dem Verfasser ganz besonders das 1896 erschienene hervorragende und ausführliche Buch von Pater Lee über dieses Thema, das zahlreiche Literaturangaben jahrhundertealter Werke in spanischer Sprache enthält. Diese sind zur Erleichterung des Quellenstudiums in diesem Buch in den Fussnoten angegeben. Der Verfasser hatte auch Zugang zu den meisten Büchern, die im Literaturverzeichnis angeführt sind. Um das Werk auf den neuesten Stand zu bringen, wurde reichliches neues Material berücksichtigt, vor allem auch die Erkenntnisse aus den Experimenten über die widergespiegelten Bilder in den Augen des heiligen Bildes, die der Augenarzt Dr. C. Wahlig, New York, eine der grössten lebenden Autoritäten über Guadalupe, angestellt hat. Auch die Forschungen mit Infrarotstrahlen, die Professor Philipp Callahan von der Universität Florida und Professor Jody Smith von Pensacola/Florida durchführten, wurden berücksichtigt.

Besonders aber dienten dem Verfasser die Schriften und Artikel von Bruder Bruno Bonnet-Eymard, einer der führenden französischen Autoritäten über Guadalupe, der im Oktober 1980 in brillanter Weise die Einwände gewisser französischer agnostischer Intellektueller gegen Guadalupe widerlegen konnte.

Ein weiterer bedeutender Anlass für den Verfasser, dieses Buch zu schreiben, ist die weithin bestehende falsche Auffassung, die Verehrung Unserer Lieben Frau von Guadalupe – oder mit genaueren Worten:

Unserer Lieben Frau beider Amerika – gehe ausschliesslich die Neue Welt an, da sie im geographischen Mittelpunkt von Nord- und Südamerika im Jahre 1531 erschienen ist, zu einer Zeit, als diese riesigen Gebiete im Anfang ihrer Kolonisierung standen, und da sie sich dort als «Eure erbarmungsreiche Mutter, die Mutter aller, die vereint in diesem Lande leben», bezeichnete. Hierbei wird aber die Tatsache übersehen, dass sie sich auch als die erbarmungsreiche Mutter «der ganzen Menschheit, all derer, die mich lieben, die zu mir rufen, die ihr Vertrauen in mich setzen...» bezeichnete.

Es ist der Wunsch und das Gebet des Verfassers, dass eine immer grössere Zahl neuer Verehrer in ihre wartend ausgestreckten Arme geführt werden, in jene Arme, die einst Christus umschlossen haben und die sich im Jahre 1917 in Fatima zu uns herabgestreckt haben, als sie uns anbot, die Katastrophe von uns abzuhalten, wenn wir sie nur mit kindlicher Liebe und Vertrauen umklammern und ihre Botschaft, Gebet und Sühne zu leisten, befolgen.

Das Buch möge auch dazu beitragen, den Leser zu überzeugen, dass wir in dem heiligen Bild Unserer Lieben Frau in Mexiko-Stadt das wahre Bild der Muttergottes haben – das Gegenstück, wenn man so sagen darf, zum heiligen Grabtuch von Turin.

Francis Johnston

1. Kapitel

Die Eroberung Mexikos

Die Geschichte von Guadalupe beginnt eigentlich schon mit der Ankunft der spanischen Eroberer in Mexiko im Jahre 1519 unter ihrem berühmten Befehlshaber Kapitän Hernando Cortés. Als die Soldaten in das weite Hinterland vorstiessen, durch sandige Wüsten und über ausgedehnte grüne Ebenen hinweg, die von zerklüfteten Bergen und brausenden Flüssen in tiefen Schluchten unterbrochen wurden, waren sie über den verhältnismässig hohen Bildungsstand der aztekischen Zivilisation erstaunt. In vieler Hinsicht kam der Lebensstandard der Azteken an den der Spanier selbst heran.

Von verschiedenen Stämmen bevölkert, war das Land mit seinen etwa zehn Millionen Einwohnern in achtunddreissig Provinzen aufgeteilt, die zu dem aztekischen Kaiserreich gehörten. Jede Provinz wurde von einem Gouverneur verwaltet, dem, zusammen mit dem höheren Adel unter der Oberhoheit des Kaisers in Tenochtitlan, das Heer unterstand. Die Gouverneure erhoben Steuern und leiteten den Handel und die Wirtschaft. Die Azteken waren vorzügliche Mathematiker, Astronomen, Architekten, Ärzte, Philosophen, Handwerker und Künstler, während das Rechtswesen auffallende Ähnlichkeit mit dem in vielen europäischen Ländern aufwies. Die Erziehung begann in sehr jungen Jahren. Lesen und Schreiben beschränkte sich jedoch nur auf ein Bilderschriftsystem, das Ähnlichkeit mit den alten ägyptischen Hieroglyphen hatte.

Trotz dieser eindrucksvollen Errungenschaften waren die Azteken auf einigen Wissensgebieten erstaunlich rückständig. Sie kannten die physikalischen Gesetze nicht, die von den Griechen etwa 2000

Jahre zuvor gefunden worden waren. Ihre Mathematiker hatten keine Kenntnis von experimenteller Wissenschaft. Der Rundbogen war ihnen unbekannt. Auch das Rad und die Beförderung durch Zugtiere kannten sie nicht.

Die aztekischen Städte waren gewöhnlich um einen pyramidenförmigen Tempel aus Stein gebaut, worin die religiösen Zeremonien stattfanden. Nahe dabei befand sich zumeist eine grosse Plaza für Zusammenkünfte und ein Marktplatz, der überall gleichbleibend von ansehnlichen, aus Stein erbauten Wohnhäusern für die oberen Stände, die weitläufige Räume und Innenhöfe hatten, umgeben war. In einigen Städten fanden die Spanier zum Schutz vor Überschwemmungen Holzpfahlbauten vor. Die Aussenbezirke waren zumeist von den unteren Schichten bewohnt, deren strohgedeckte, fensterlose Hütten aus lehmüberzogenem Flechtwerk gefertigt waren. Es gab einige grosse Städte; allein Tenochtitlan (woraus nach der spanischen Eroberung die Stadt Mexiko wurde) zählte damals 300 000 Einwohner.

Wie so viele Völker zu jener Zeit in Europa und Asien, hatten die Azteken ein strenges Kastensystem entwickelt. Den höchsten Rang hatte der Kaiser. Dann kam der hohe Adel, die höheren Priesterklassen und die Richter, danach der niedere Adel, der in der Verwaltung tätig war. Unter diesem standen die Freien, die etwa unserer heutigen Mittelschicht entsprechen und die den grössten Bevölkerungsanteil ausmachten. Schliesslich kamen die ungelernten Arbeiter und die ganz Armen, während ganz unten auf der sozialen Leiter die Sklaven standen.

Die hauptsächliche Erwerbsquelle des Landes war die Landwirtschaft. Mais war die Hauptfeldfrucht. Dazu kamen andere Früchte wie Bohnen, Tomaten und verschiedene Obstsorten, ferner Baumwolle und Tabak. Die Maguey-Kaktuspflanze erfreute sich besonderer Wertschätzung, da aus ihr viele nützliche Produkte zu gewinnen waren. Der Saft konnte gegoren und als eine Art Bier verwendet werden. Aus den Dornen wurden Nadeln hergestellt, während ihre Faser zu Bindfaden, Stricken und Bogensehnen gedreht oder zu einem Material gewoben wurde, das für Kleidung geeignet war. Wegen ihrer hauptsächlichen Bedeutung für die aztekische Wirtschaft wurden die Mais- und die Maguey-Pflanze als Göttinnen verehrt.

Götzendienst und Menschenopfer

Über diesem anscheinend hohen Stand der Zivilisation lagerte wie ein Meltau die Tragik einer Religion mit den schlimmsten Auswüchsen des Aberglaubens. Für den heutigen Menschen ist es schwierig, sich ein Bild von den Schrecken dieser Religion zu machen – wenn wir auch Bekanntschaft mit solch entsetzlichen Greueln wie den Konzentrationslagern und der Praxis des «totalen Krieges» gemacht haben. Die aztekischen Riten entsprangen dem Wahn, dass durch sie jene Naturkräfte angezogen würden, die den Menschen wohlgesonnen, und solche ferngehalten, die bösartig waren. Die meisten dieser Mächte wie Sonne, Regen, Wind, Feuer usw. wurden als Götter oder Göttinnen verpersönlicht, und in den massiven Pyramiden-Tempeln wurden Götzenbilder dieser Gottheiten angebetet.

Die Azteken verspürten die zwanghafte Pflicht, diesen Göttern Menschenopfer darzubringen, sei es zur Versöhnung bei irgendeinem physischen Übel oder bei Erdbeben, sei es zur Abwehr eines zu erwartenden Unheils. Da die Azteken sich als das «Volk der Sonne» betrachteten, fühlten sie sich gedrängt, diese Gottheit regelmässig mit «Nahrung» von Menschenblut zu versehen – aus Furcht, dass sie sonst nicht mehr am östlichen Horizont erscheinen werde.

Die Opfer für diese Götzendienste waren zumeist Sklaven oder Kriegsgefangene. Die Art und Weise der Hinschlachtung war äusserst furchtbar. Wenn schwarz-gekleidete, langhaarige Priester lebendigen Opfern unter Gesang das Herz ausrissen, so war dies noch ein verhältnismässig gnädiger Tod, verglichen damit, dass anderen bei lebendigem Leibe die Haut abgezogen, andere lebendig gegessen wurden – oder noch entsetzlichere Greuel, die sich kaum in Worte kleiden lassen. Das Menschenmorden hatte ein grosses Ausmass angenommen. An manchen Tagen mussten Tausende daran glauben; denn wenn es nicht gelungen war, die Götter zu besänftigen, entstand ein wahnsinniges Gemetzel. Die blutigen Hekatomben von Menschenopfern waren in der Tat eine grauenhafte Umkehrung des christlichen Messopfers, da die Meinung bestand, das Blut der unglücklichen Opfer, das vergossen wurde, könne das Leben eines Gottes erretten. So wurde das ununterbrochene Darbringen von Menschenopfern als eine feierliche Pflicht für das Wohlergehen des Volkes erachtet.

Das Darbringen von Menschenopfern fand in jeder Stadt in den grossen Steintempeln statt. Der mächtigste Gott war Quetzelcoatl, die gefiederte oder steinerne Schlange, dem jedes Jahr viele Tausende lebendig geopfert wurden. Merkwürdigerweise wurde mit diesem Namen auch ein grosser Prophet benannt, der angeblich in dunkler Vorzeit eine dem Christentum ähnelnde Lehre gepredigt hatte, die jedoch mit der Zeit mit heidnischen Lehren durchsetzt wurde. Es bestand weithin der Glaube, dass er eines Tages wiederkehren und das aztekische Volk erlösen werde.

Eine andere namhafte Gottheit, die Erwähnung verdient, war Huitzilopochtli, der Kriegs- und Sonnengott. Ein furchtbarer, schreckenerregender Tempel war zu seiner Ehre in der Stadt Tlatilolco in der Nähe von Tenochtitlan erbaut, der, wie die Spanier entdeckten, ein wahres Schlachthaus war. Bei der Einweihung dieses Tempels im Jahre 1487 waren auf seinen Altären etwa 20 000 Krieger auf Befehl des aztekischen Kaisers Auitzotl hingeopfert worden, um diese Monster-Gottheit zu besänftigen.[1] Es ist vielleicht bezeichnend, dass die Stätte, wo dieses Bauwerk sich befand, eine bedeutende Rolle spielen sollte, als die linde Hand des Christentums sich über das Land zu breiten begann.

Im Hinblick auf die späteren Ereignisse muss hier die grosse Mutter-Göttin Tonantzin erwähnt werden, deren Tempel einst oben auf einem kleinen Hügel mit Namen Tepeyac, etwa sechs Meilen nördlich von Tenochtitlan entfernt, gestanden war. Eine Statue dieser abschreckenden Göttin im Anthropologischen Museum in Mexiko-Stadt vermittelt noch heute einen lebhaften Eindruck von der grausamen Natur der aztekischen Mentalität.

Ihr Kopf ist eine Komposition aus ekelerregenden Schlangenköpfen, ihr Gewand eine Masse sich windender Giftschlangen. Genau wie die Götzenbilder anderer Gottheiten in demselben Museum, zeigen die blicklosen Augen in dem Gesicht von Tonantzin einen abgrundtiefen Jammer – so als ob sie in immerwährender Trauer über das Selbstgemetzel ihrer Kinder wäre. Selbst das in ihrer Nähe befindliche Götzenbild des Gottes der Freude, Xochipilli, trägt einen Ausdruck tiefster Verzweiflung. Nicht ohne Grund sahen die spanischen Missionare, die den Eroberern auf dem Fusse folgten, diesen schrecklichen Glauben als ein Zeichen von satanischer Besessenheit an.

Die Schwester des Kaisers hat ein Traumgesicht

Zur Zeit der spanischen Eroberung war der mächtige Montezuma, der im Jahre 1503 den Thron bestiegen hatte, Kaiser von Mexiko. Er war ein sehr abergläubischer, tiefsinniger Mann, der zu Hexerei, Zauberei und zur Tyrannei neigte. Gegen seine harte Regierung empörten sich die untergebenen Stämme des Kaiserreiches erbittert in häufigen Aufständen. Montezumas düstere Natur hegte jedoch einen tiefen Respekt vor Omen und Vorbedeutungen, und dies schien sich noch zu verstärken, als Berichte über fremde Schiffe, die weit draussen auf dem Meer gesichtet wurden, sein aufmerksames Ohr erreichten. Schwermütig lauschte er seinen Wahrsagern, welche die schliessliche Vernichtung seines Reiches durch weisse Männer von jenseits des Ozeans vorhersagten.

Im Jahre 1509 hatte seine Schwester, Prinzessin Papantzin, einen aussergewöhnlichen Traum, der einen entscheidenden Einfluss auf den fatalistischen Kaiser ausgeübt haben muss. In jenem Jahr erkrankte sie schwer und fiel in tiefe Bewusstlosigkeit. In dem Glauben, sie sei tot, trugen die Mexikaner sie zu Grabe. Doch kaum war das geschehen, hörten sie sie zu ihrem Schrecken aus dem Grabe rufen, man solle sie aus dem Sarg befreien. Nachdem sie sich erholt hatte, erzählte sie ihren inhaltsschweren Traum, den sie soeben gehabt hatte. Es schien ihr, dass ein Wesen aus Licht sie an die Ufer des grenzenlosen Ozeans geführt habe, und als sie auf das Meer hinausblickte, wurden viele grosse Schiffe sichtbar, mit schwarzen Kreuzen auf ihren Segeln, die genau so aussahen wie das schwarze Kreuz auf der Stirn ihres Anführers. Der Prinzessin wurde eröffnet, dass die Schiffe Männer aus einem fernen Land herbeiführten, die das Land erobern und den Azteken Kenntnis von dem wahren Gott bringen würden. Der grübelnde Montezuma las aus diesem Traum den Untergang seines Kaiserreiches heraus, und das Schicksal Mexikos war vielleicht schon besiegelt, lange bevor die ersten spanischen Soldaten mit ihren glänzenden Waffen aus ihren vor Anker liegenden Galeonen an Land wateten.

Die Mexikaner waren eingeschüchtert durch die donnernden Kanonen der vordringenden Spanier. Deren Kavallerie schien ihnen, die nie zuvor ein Pferd gesehen hatten, unbesiegbar. Um sicher zu sein, dass die weissen Soldaten tatsächlich jene waren, die seine Schwester in ihrem Traum gesehen hatte, liess Montezuma sich einen der spanischen Helme bringen und sah selbst als Emblem auf der Vorderseite das schicksalshafte schwarze Kreuz. Er beriet sich mit seinem Adel und beschloss nach einer entscheidungslos verlaufenen Konferenz, den Versuch zu machen, Cortés mit verschwenderischen Geschenken loszuwerden. Die Streitkräfte des letzteren hatten sich inzwischen mit einer wachsenden Anzahl von eingeborenen Stämmen zusammengetan, die die eiserne Herrschaft der Azteken verabscheuten und danach verlangten, sie zu überwältigen. In rascher Erkenntnis der Situation versprach Cortés, ihnen zu helfen, wenn sie sich seiner Streitmacht anschlössen. Bald kämpfte sich eine immer grösser werdende Armee von Spaniern und Mexikanern durch das zerklüftete Land zur Stadt Tenochtitlan vor. Die Feinde, die sie besiegt hatten, wurden jeweils überredet, sich ihrer Streitmacht auf dem Marsch gegen die aztekische Hauptstadt anzuschliessen.

Da Montezuma sah, dass die Waage des Schicksals sich unnachgiebig gegen ihn neigte, meinte er, keine andere Wahl zu haben, als die Ankunft Cortés' abzuwarten und mit ihm zu verhandeln. Die Spanier und ihre indianischen Verbündeten näherten sich vorsichtig der Stadt, da sie den Ruf Montezumas als eines Verräters kannten. Cortés wachte sorgsam über ihre Loyalität.

Ein mexikanisches Venedig

Zu jener Zeit war Tenochtitlan von grossen Seen umgeben und über drei Dämme zugänglich. Einer der Spanier, Diaz del Castillo, hat uns einen anschaulichen Bericht von dem ersten Blick auf Montezumas sagenhafte Hauptstadt hinterlassen: «Bei diesem wunderbaren Anblick wussten wir nicht, ob das, was vor uns auftauchte, Wirklichkeit war; denn an der Landseite waren grosse Städte und in dem See viele weitere, und der See selbst wimmelte von Kanus. Auf dem Damm waren in Abständen viele Brücken, und vor uns lag die grosse Stadt Mexiko – und wir Spanier ... zählten nicht mehr als 400 Soldaten.»[2]
Die Inselstadt war in den Randbezirken von Grün umsäumt, und es gab dort viele weiss gestrichene Häuser mit ihren Patios (Innenhöfe). Die Hauptstadt selbst war von Kanälen durchzogen, über die Brücken führten – ähnlich fast wie im heutigen Venedig –, während es nur wenige Strassen und offene Plätze gab. Hier und da reckten sich grosse Tempel in die Höhe wie verstümmelte Pyramiden, und vergoldete Paläste und stattliche öffentliche Bauten erhoben sich stolz inmitten von geschäftigen Marktplätzen, Zoos, Vogelhäusern und Gärten mit Blumen in vielen bunten Farben. Die Spanier waren voller Staunen und Hochachtung vor der strahlenden äusseren Erscheinung dieses Zentrums aztekischer Zivilisation.
Am 8. November 1519 trat Cortés in einer glanzvollen und prächtigen Zeremonie vor Montezuma hin, der von seinen Adeligen und Granden umgeben war. Ihr gegenseitiges Misstrauen wurde von einer vorge-

Die aztekische Hauptstadt Tenochtitlan (jetzt Mexiko-Stadt), wie Cortés sie im Jahre 1519 vorfand.

täuschten Freundschaft überdeckt. Montezuma ordnete sogar die Einquartierung der Spanier in einem der schönsten Paläste der Stadt an. Die Verhandlungen zogen sich über mehrere Tage hin, und oberflächlich gesehen schien alles gut. Doch Cortés und seine Männer waren sich der akuten Gefahr, in der sie schwebten, vollauf bewusst. Montezuma brauchte nur ein Wort zu sagen, und sie wären in den engen Winkeln der Stadt vernichtet worden, wo nicht genügend Platz war, Truppen gegen Tausende zusammengezogener aztekischer Soldaten aufzustellen. Das Misstrauen ging rasch in Feindseligkeit über, und die Spanier entschieden, dass es die beste Form der Verteidigung sei, die Initiative zu ergreifen. Cortés liess Montezuma gefangennehmen und hielt ihn als Geisel fest, um die spanische Vorherrschaft zu sichern und die Befehlsgewalt des Kaisers auszuschalten. Die Bevölkerung reagierte darauf mit heftiger Wut, die in Tumult und den wütenden Ruf nach den Waffen ausartete. Ein Kriegsausbruch schien unmittelbar bevorzustehen.

Die Sonnenpyramide. Die Azteken brachten der Sonne Menschenopfer dar, bis Maria durch das Bild ihrer Erscheinung kundtat, dass sie grösser ist als die Sonne.

In diesem kritischen Moment erhielt Cortés Nachricht, dass einer der Befehlshaber an der Küste gemeutert hatte. Von einer kleinen Streitmacht von Reitern begleitet, verliess er die Stadt, um den Aufstand zu unterwerfen. Während seiner Abwesenheit erhob sich die aufgebrachte Bevölkerung von Tenochtitlan wutentbrannt gegen die Spanier. Cortés kehrte auf der Höhe des wilden Gefechtes zurück, und nach einem verzweifelten Kampf, in welchem Montezuma getötet wurde, gelang es den Spaniern mit Not, sich aus der Stadt zurückzuziehen. Fünfundsiebzig Prozent der spanischen Soldaten fielen oder wurden lebendig in den Tempeln hingeschlachtet.

Doch Cortés war weit davon entfernt aufzugeben. Er sammelte seine erschöpften Streitkräfte, und mit grosser Verstärkung durch seine indianischen Verbündeten gelang es ihm schliesslich, die Hauptstadt im Sturm zu nehmen. Das aztekische Reich zerfiel rasch, und Mexiko wurde in der Folge der spanischen

Den lebendigen Opfern wurde das Herz herausgerissen, die Haut abgezogen oder noch entsetzlichere Grausamkeiten angetan.

Krone eingegliedert. Cortés machte sich an die gewaltige Aufgabe, die jahrhundertealte aztekische Kultur in eine europäische umzubilden.

Eine der ersten Taten des Eroberers war, die von Blut triefenden Tempel zu zerstören und an ihrer Stätte katholische Kirchen zu errichten. Dort, wo der grosse Tempel des gefiederten Schlangengottes Huitzilopochtli gestanden war, wurde eine Kirche mit dem Namen «Santiago de Tlatilolco» errichtet, (Santiago, der heilige Apostel Jakobus, wurde in Spanien vor allem in «Santiago de Compostela» verehrt, wohin Wallfahrer aus der ganzen damals bekannten christlichen Welt pilgerten. d. Übers.), die eine grosse Rolle in den kommenden dramatischen Ereignissen spielen sollte. Missionare schwärmten über das Land aus und eröffneten Kirchen, Schulen und Hospitäler. Doch es erwies sich, dass die tiefwurzelnden Überlieferungen des Heidentums schwer auszurotten waren, und es gab nur verhältnismässig wenige Bekehrungen zum Christentum.

Im Jahre 1524 setzte Cortés nach Honduras über. Während seiner Abwesenheit brachte sein Nachfolger falsche Anschuldigungen gegen ihn bei dem spanischen Kaiser Karl V. vor. Ein Beauftragter wurde zur Nachprüfung über den Atlantik gesandt, und als Cortés von Honduras zurückkehrte, war es ihm nur lieb, die Verwaltung des noch immer unruhigen Landes dem Vertreter von Karl V. zu überlassen. Der Gesandte fand es jedoch praktisch unmöglich, mit der unbeständigen Situation fertig zu werden, und im Jahre 1528 wurde er durch fünf Verwaltungsbeamte abgelöst, die unter dem Namen «Primera Audiencia» oder Erste Audienz bekannt wurden. Cortés kehrte nun nach Spanien zurück, um sich zu rehabilitieren und die Ehrungen entgegenzunehmen, die einem siegreichen General gebührten.

Der erste Bischof der «Neuen Welt»

Um der Macht der Ersten Audienz ein Gegengewicht zu geben und die mexikanische Bevölkerung vor dem Missbrauch der Macht durch ihre Eroberer zu beschützen, beschloss Karl V., einen Bischof für das Land zu ernennen und ihn mit grossen Vollmachten auszustatten. Nach sorgfältiger Überlegung wählte er den Prior Zumárraga aus dem Franziskanerkloster von Abrojo in Spanien, einen Priester, der während der Exerzitien des Kaisers in der Karwoche 1527 starken Eindruck auf ihn gemacht hatte. Der Kaiser hatte ihm eine grosse Geldsumme geschenkt, die der Prior protestierend entgegengenommen und sofort an die Armen der Umgebung verteilt hatte. Im Dezember 1528 wurde Prior Juan Zumárraga zum ersten Bischof der Neuen Welt ernannt und noch vor seiner formellen Bischofsweihe nach Mexiko-Stadt entsandt. Nach seiner Ankunft in dem Lande machte sich der neue Bischof mit unermüdlichem Eifer an die Arbeit für die Missionierung und soziale Wohlfahrt Mexikos. Ein Mann von grosser Bildung, Frömmigkeit und Umsicht, dessen Antlitz auf dem Gemälde von El Greco im Nationalen Archäologischen Museum von Mexiko-Stadt einen würdigen Gelehrten und Asketen offenbart, wirkte Zumárraga dem zunehmenden Despotismus der Ersten Audienz entgegen. Er holte die erste Druckpresse auf den Kontinent, führte bisher unbekannte Obstbäume von Europa ein, um mehr Abwechslung in die Nahrung der Mexikaner zu bringen, sorgte dafür, dass tüchtige und erfahrene spanische Bauern sich ansiedelten, um die Landwirtschaft der Eingeborenen zu modernisieren, und führte Methoden der Alten Welt zur Herstellung von Leinen- und Seidentextilien ein. Der Bischof gründete auch viele Schulen, darunter das Kolleg vom Heiligen Kreuz in Tlatilolco bei Mexiko-Stadt, worüber später

Teilansicht vom Tempel des Gottes Quetzalcoatl (die Steinerne Schlange) und die Sonnenpyramide.

noch zu sprechen sein wird, und ebnete die Wege für die Gründung der ersten Universität in dem Land, die mit rund 90 000 Studenten heute die grösste Universität der Welt ist.

Zumárragas Eifer erstreckte sich aber noch mehr auf das geistliche Wohl der Mexikaner. Er erwirkte von der Kirche in Spanien, dass viele Missionare herübergesandt wurden, und förderte die Heranbildung eines eingeborenen Klerus' in den von ihm gegründeten Seminaren. Um die Schwierigkeiten des Missionars voll zu machen, wurde Don Nune de Guzman, der rasch einen Ruf der Grausamkeit und Tyrannei in der Ausübung seiner Macht erlangt hatte, die ihm von dem fernen Karl V. anvertraut worden war, zum Obersten der Primera Audiencia oder Ersten Audienz ernannt. Guzman versuchte, seine Gewaltherrschaft mit der

Begründung zu rechtfertigen, die Azteken seien Wesen ohne Seele, verwandt mit den Ungeheuern antiker Sagen[3], die zu bekehren Zeitverschwendung wäre und die mit gutem Recht ausgebeutet werden dürften. Die Missionare jedoch betonten, dass die Indianer, da sie mit Verstand begabt seien, durch die Taufe Kinder Gottes werden könnten und darum alles Recht hätten, mit Achtung behandelt zu werden. Zumárragas unentwegte Vorstellungen hatten keinen Erfolg. Von Habgier getrieben, folterten und mordeten die Regenten viele unschuldige Bürger. Als der Bischof scharf protestierte, wurde eine Anzahl seiner Patres von Guzman überfallen, der sich sogar stark genug fühlte, Zumárraga selbst zu bedrohen. Die heftige Verfolgung, welcher der Bischof infolge seiner unermüdlichen Bemühungen, die Rechte der Indios zu verteidigen, ausgesetzt war, trug viel dazu bei, sein relatives Schweigen über das dramatische Ereignis zu erklären, das während der späteren Verwaltung unter der Zweiten Audienz stattfand und das sich vorbereitete. «Die Verfolgung, die der Präsident und seine Richter gegen die Patres und den Klerus betreiben», schrieb er, «ist schlimmer als die von Herodes und Diokletian.»[4]

Schliesslich gelang es dem Bischof, Guzmans strenge Zensur zu umgehen und eine Botschaft in einem ausgehöhlten Kruzifix an Karl V. in Spanien zu schmuggeln. Der Kaiser ersetzte unverzüglich Guzman und seine tyrannischen Beamten durch eine Zweite Audienz, an deren Spitze Bischof Don Sebastian Ramirez y Fuenleal, ein Mann von fragloser Lauterkeit, stand. Obwohl die Ernennungen im Jahre 1530 erfolgten, brauchten die Ernannten Zeit, ihre Angelegenheiten in Spanien zu ordnen und ihre lange, drei Monate dauernde Reise über den Atlantik vorzubereiten. Sie waren zu Anfang des nächsten Jahres noch immer nicht in Mexiko angekommen.

Unterdessen waren die Azteken und andere Stämme des Landes durch die Grausamkeiten der Ersten Audienz dazu getrieben worden, die Waffen gegen die Spanier zu erheben. Zumárraga spürte, dass ein allgemeiner Aufstand unmittelbar bevorstand. Er wird die Gottesmutter gebeten haben, einzugreifen und den Ausbruch der Gewalt abzuwenden, welcher die verhältnismässig wenigen Spanier in dem Lande auszurotten drohte.[5]

Es muss bemerkt werden, dass die Grausamkeit der Spanier in ihrem Umgang mit den kürzlich besiegten Mexikanern im grossen und ganzen nur von den Regenten ausging und dass ein beachtlicher Teil der Siedler sich bemühte, echte Bande mit den Eingeborenen zu knüpfen, indem sie Ehen mit ihnen eingingen und versuchten, ihre zwei Kulturen und Traditionen in eine neue Nation zu verschmelzen. Die bürgerlichen Rechte der Mündigkeit wurden schliesslich

Drei Kulturen: Aztekischer Tempel, Kolonialkirche und Universitätsgebäude, moderne Wohnhäuser.

durch Karl V. gesichert, als er im Jahre 1542 in Sevilla einen Indienrat einsetzte, der sich mit den Beschwerden und Rechtsverletzungen in der Neuen Welt zu befassen hatte. Es soll auch daran erinnert werden, dass viele der Verleumdungen gegen Cortés und seine Nachfolger, worin sich vor allem ein gewisser Bartolomé de las Casas, Kaplan von Diego Velazques, dem Eroberer von Kuba, hervortat, stark übertrieben waren. Dieser Mann liess sich in bittere persönliche Fehde mit Cortés und vielen seiner Landsleute in Mexiko ein. Seine grob verzerrten Beschuldigungen wurden mit Wohlgefallen von englischen, französischen und holländischen Protestanten in Europa aufgegriffen, die eifrig bemüht waren, das Werk der katholischen Missionare in der Neuen Welt in Verruf zu bringen.

Pilgerbrunnen auf dem Platz vor der Basilika in Guadalupe.

2. Kapitel

Die Marienerscheinungen auf dem Tepeyac

Unter den ersten Mexikanern, die im Jahre 1525 die Taufe empfingen, war Prinzessin Papantzin. Als im gleichen Jahr ein armer Bauer und seine Frau aus dem Dorf Cuautitlan, etwa 15 Meilen von Mexiko-Stadt entfernt, ebenfalls in die Kirche aufgenommen wurden, nahm dieser den Namen Juan Diego[6] und seine Frau den Namen Maria Lucia an.

Unter den ersten Christen war auch Juan Diegos Onkel, Juan Bernardino, der in dem Dorf Tolpetlac, etwa sechs Meilen südlich von Cuautitlan entfernt, lebte.

Juan Diego war im Jahre 1474 geboren worden, genau achtzehn Jahre bevor Columbus zum erstenmal San Salvador gesichtet hatte. Nachdem er seine Eltern schon als Kind verloren hatte, wurde Juan Diego von seinem Onkel Juan Bernardino aufgezogen. Nach seiner Heirat zog er nach Cuautitlan, wo er mit seiner Frau in einem kleinen, einräumigen, mit Maisstroh gedeckten Lehmhaus wohnte. Er betrieb etwas Landwirtschaft, wob Matten aus Schilf, das er in den nahe gelegenen Seen schnitt, und fertigte Möbel an. Er verdingte sich auch für alle möglichen Lohnarbeiten in der näheren Umgebung. Ihm gehörte auch noch ein Haus in Tolpetlac, wo er etwas Land besass. Seine beiden Häuser waren fest gebaut und befinden sich noch heute in gutem Zustand.

Juan Diego war von freundlicher, doch zurückhaltender Wesensart. Nach dem wenigen, das wir über ihn wissen, scheint die Demut seine ausgeprägteste Tugend gewesen zu sein. Obwohl er zum Mittelstand gehörte und wohl auch eine Grundbildung besessen haben muss, war er in Wirklichkeit doch so arm wie die Angehörigen der untersten Klasse. Er fand Trost in seinem neuen Glauben, den er mit tiefer Frömmigkeit ausübte. Es ist aufschlussreich, dass er sich schon zwei Jahre nach der Ankunft der ersten Franziskaner in Mexiko um die Taufe bewarb.

Oft gingen Juan Diego und seine Frau zu Fuss die 15 Meilen nach Tlatilolco, um die heilige Messe mitzufeiern, die Sakramente zu empfangen und weitere Unterweisung im Glauben zu erhalten. Dazu mussten sie sich schon lange vor Tagesanbruch im Morgengrauen auf den Weg machen und sich auf den weiten Fussmarsch über Hügel und durch Täler begeben, denn die Missionare hatten betont, wie wichtig es sei, rechtzeitig vor Beginn der Messe da zu sein. Wie die meisten ihrer Rasse, waren Juan Diego und seine Frau von Kindheit an solche Fussmärsche gewöhnt, doch mit zunehmendem Alter muss der Weg über das hügelige Land wohl immer beschwerlicher für sie geworden sein.

In dem neuen Kloster der Franziskaner in Tlatilolco angekommen, setzte Juan Diego sich zusammen mit Hunderten anderer Mexikaner auf den Boden und lauschte den Lehren der Franziskaner-Missionare, die sie geduldig in dem neuen Glauben unterrichteten. Worte wie «Amar a Dios» (Gott lieben) und «Santa Maria» (Heilige Maria) müssen Juan Diego leicht von den Lippen geflossen sein. Es hätte keinen grösseren Gegensatz zwischen den Schrecken des Heidentums und der Liebe, Freude und belebenden Hoffnung des Christentums geben können.

Juan Diegos Leben wird ruhig und ereignislos verlaufen sein, bis plötzlich im Jahre 1529 seine Frau Maria Lucia starb. Er zog dann von Cuautitlan fort, um in der Nähe seines betagten Onkels Juan Bernardino in Tolpetlac zu wohnen, was den zusätzlichen Vorteil hatte, dass es nur neun Meilen von der Kirche in Tlatilolco entfernt war. Indessen führte er sein ländliches Leben weiter, baute Mais und Bohnen an und jagte manchmal nach Wild.

Er setzte seine regelmässigen Fussreisen über die Hügel zur heiligen Messe fort, obwohl sie für ihn im Jahre 1531, als er schon 57 Jahre alt geworden war, wohl recht anstrengend gewesen sein müssen. Für seinen bejahrten Onkel war die Entfernung viel zu gross.

«... die vor dem Tag aufgeht»

Am Morgen des 9. Dezember 1531, einem Samstag, dem Tag, da zu jener Zeit das Fest der Unbefleckten Empfängnis Mariens gefeiert wurde, stand Juan Diego früh auf. Das Haus im kalten Sternenlicht verlassend, trat er den weiten Weg nach Tlatilolco an, um der Messe zu Ehren seiner himmlischen Mutter und Königin beizuwohnen. Dieses Fest war ihm besonders wichtig, hatten doch die guten Patres erklärt, wie die Mutter Christi ohne Makel der Erbsünde geboren und wie sie im voraus erlöst worden war in Vorwegnahme der Verdienste Christi auf Golgotha. Und sie, die ganz Reine, Strahlende, die Himmelskönigin, war seine eigene, seine persönliche Mutter. Während er unter diesen Gedanken dahineilte, spürte er kaum den bitter kalten Wind, der von den kahlen Hügeln herabwehte, noch die scharfen Steine, die durch seine Ledersandalen stachen.

Als er fast oben auf dem Hügel Tepeyac angekommen war, wo vor langen Zeiten der heidnische Tempel der Göttin Tonantzin gestanden war, vernahm er mit Staunen Musikklänge in der stillen Morgendämmerung. Er blieb stehen und lauschte. Bildete er es sich nur ein? Doch nein, es war wirklich Musik, und die Klänge waren über jede Beschreibung schön, wie ein honigfliessender Vogelchor, der die Luft mit bezaubernder Süssigkeit erfüllte und seine Sinne betörte. Juan Diego blickte in Verwunderung zu den dunklen Umrissen des Tepeyac auf, von wo die wundersame Harmonie herniederfloss wie Silberschmelz. Zu seinem Erstaunen sah er eine leuchtend weisse Wolke, umgeben von Strahlen aus blendendem Licht in den Farben des Regenbogens, die aus der Wolke hervorströmten. Auf einmal verstummte die jubilierende Melodie, ohne die Spur eines Echos zu hinterlassen. Dann hörte er von dem im Morgendunst liegenden Gipfel her seinen Namen rufen – eine Frauenstimme, sanft und eindringlich, die wie ein goldener Pfeil sein Inneres zu durchdringen schien: «Juanito! – Juan Dieguito»[7] rief sie liebevoll, indem sie die zärtliche Verkleinerungsform seines Namens gebrauchte.

Juan Diego spähte hinauf zu der felsigen Höhe des Hügels und fühlte sich innerlich getrieben, dem geheimnisvollen Anruf Antwort zu geben. Furchtlos kletterte er den von Geröll übersäten Hang hinauf, und als er oben angekommen war, fand er sich plötzlich von Angesicht zu Angesicht einer Dame von überwältigender Schönheit und Herrlichkeit gegenüber. Ihre Gewänder leuchteten wie die Sonne, und die Strahlen, die von ihr ausgingen, durchfluteten die Felsen in der Umgebung. Die Mezquitesträucher, die Feigendisteln und das andere Gestrüpp, das dort wuchs, glitzerten und schwelgten in Farben, als ob man sie durch die bunten Glasfenster einer herrlichen Kathedrale sähe. Die Dame schien jung zu sein, und als sie ihm winkte näher zu kommen, tat Juan Diego zögernd einige Schritte voran und sank in Verehrung auf die Knie nieder, geblendet und benommen von der überwältigenden Lieblichkeit der Vision.

«Höre, Juanito, mein liebstes kleinstes Söhnchen, wohin gehst du?» Ihre Stimme war leise und sanft, und sie sprach in einem Ton wie jemand, der ihn hochschätzte und sehr liebte.

«Edle Dame», hörte er sich flüstern. «Ich bin auf dem Weg zur Kirche nach Tlatilolco zur heiligen Messe.» Die Dame lächelte zustimmend und sagte: «Wisse, mein liebstes Söhnchen, dass ich die makellose und immerwährende Jungfrau Maria bin, die Mutter des wahren Gottes, durch den alles lebt[8], des Herrn aller Dinge, welcher der Herr über Himmel und Erde ist. Es ist mein inniger Wunsch, dass man mir hier ein teocalli[9] (Gotteshaus) baue, wo ich meine ganze Liebe, mein Mitleid und Erbarmen, meine Hilfe und meinen Schutz den Menschen erweisen und schenken will. Ich bin eure erbarmungsreiche Mutter, die Mutter aller Menschen, all jener, die mich lieben, die zu mir rufen, die Vertrauen zu mir haben. Hier will ich auf ihr Weinen und ihre Sorgen hören und will ihre Leiden, ihre Nöte und ihr Unglück lindern und heilen.

Und damit ich meine Absichten verwirklichen kann, gehe zu dem Haus des Bischofs in der Stadt Mexiko und sage ihm, dass ich dich gesandt habe und dass es mein Wunsch ist, dass hier ein teocalli gebaut werde. Sage ihm, was du gesehen und gehört hast. Sei versichert, dass ich mich sehr dankbar erweisen und dir alles vergelten werde, was du mit Sorgfalt ausführst, worum ich dich gebeten habe. Nun, da du meine Worte gehört hast, mein Sohn, geh und tue alles, was du tun sollst.»

Juan Diego verneigte sich sehr tief und sagte mit Ehrfurcht: «Meine Heilige, meine Herrin. Ich werde alles tun, worum Du mich bittest.» Dann nahm er Abschied von ihr und stieg den felsigen Hang des Tepeyac hinab und eilte in entzücktem Staunen der Stadt Mexiko zu.

Kaum war die Sonne an dem frostigen blauen Himmel aufgegangen, als Juan Diego auf dem Hauptdamm über den Texcocosee durch das Nordtor in die Stadt hineinging.

Als er durch die Strassen der noch im Schlaf liegenden Stadt zum Hause von Bischof Zumárraga eilte, war er etwas in Sorge, wie der Bischof ihn wohl empfangen werde, denn er dachte mit Unbehagen daran, dass er nur arm gekleidet und von niederem Stand war. Er zweifelte auch, ob der Bischof seiner unwahrscheinlichen Geschichte Glauben schenken würde. Und schlimmer wäre noch, wenn die Diener ihn schlügen oder ihre Hunde auf ihn hetzten, wenn er sich unterstünde, zu dieser frühen Stunde ihre Ruhe zu stören. Da es aber die Königin des Himmels war, die ihn mit dieser Mission beauftragt hatte, war er entschlossen, alles über sich ergehen zu lassen.

Schüchtern und zaghaft klopfte er an die Tür der bischöflichen Residenz. Sie wurde von einem Diener geöffnet. Juan Diego bat, zum Bischof geführt zu werden. Wie vorauszusehen, betrachtete der Diener abweisend sein ungepflegtes Äusseres und sah ihn argwöhnisch an. Juan Diego wiederholte geduldig seine Bitte. Nach einigem Zögern schien der Diener seinen Sinn zu ändern. Er trat zur Seite und führte ihn brummend in einen Patio, wo er sich, wie er sagte, hinsetzen und warten solle.

Eine Stunde ging schleppend dahin. Juan Diego begann sich zu wundern, wie lange er wohl noch in der kalten Zugluft sitzen müsse. Der scharfe Wind ging wie mit Messern durch ihn hindurch – die Stadt liegt mehr als 2300 m über dem Meeresspiegel. Er zog seinen Mantel bzw. seine Tilma enger um seinen fröstelnden Leib und rieb die Hände gegeneinander in dem Bemühen, sich zu wärmen. Schliesslich erschien ein Bediensteter am Tor und verkündete, dass Seine Exzellenz bereit wäre, ihn zu empfangen.

Bischof Zumárraga erhob sich, um seinen ungewöhnlichen Besucher mit der ihm eigenen Höflichkeit und Güte zu grüssen. Er liess einen Dolmetscher holen, einen Spanier namens Juan Gonzales. Letzterer war ein wohlgebildeter Mann von 31 Jahren, der die aztekische Sprache gelernt hatte, als er in dem unermesslichen Land umhergereist war, um auf den weit auseinanderliegenden Missionsstationen zu arbeiten. So war er zum offiziellen Dolmetsch für den Bischof ernannt und Mitglied des bischöflichen Haushalts geworden.

Vor dem Bischof kniend und seine Nervosität unterdrückend, erzählte Juan Diego so gut er konnte sein aussergewöhnliches Erlebnis und wiederholte die Botschaft der Dame mit denselben Worten, wie er sie von ihr gehört hatte. Der Bischof hob die Brauen und forschte in dem bronzefarbenen, verwitterten Gesicht des Mexikaners, um herauszufinden, ob er die Wahrheit sagte. Während er zuhörte, konnte er nicht anders als von Juan Diegos offensichtlicher Aufrichtigkeit und Bescheidenheit beeindruckt sein. Er fragte ihn, wo er wohne und welche Beschäftigung er habe, und dann stellte er ihm Fragen über das Evangelium und wie er seine Religion ausübe. Juan Diegos Antwort fiel zur Befriedigung des Bischofs aus. Doch was die Geschichte anging, dass die Königin des Himmels ihm erschienen sei... Zumárraga seufzte und war unschlüssig.

Der Bischof schüttelte langsam den Kopf. Als Juan Diego ihn voller Bestürzung anstarrte, legte er behutsam seine Hand auf seine Schulter und sagte in beruhigendem Ton: «Du musst einmal wiederkommen, mein Sohn, wenn ich mehr Zeit habe, um dir zuzuhören. Inzwischen will ich über das nachdenken, was du mir erzählt hast, und will deinem guten Willen sorgfältige Beachtung schenken.» Er machte ihm ein Zeichen, dass er nun gehen könne. Juan Diego stand niedergeschlagen auf, sich bewusst, dass er bei der Botschaft der Dame versagt hatte. Obwohl er es halb und halb erwartet hatte, versetzte ihm dennoch der hinhaltende Bescheid des Bischofs einen Schock. Im nächsten Moment sah er sich durch das geräumige Gebäude hinausbegleitet, vorbei an Beamten und Dienern, die ihn spöttisch und mit amüsierter Geringschätzung betrachteten, bis er wieder auf der staubigen Strasse stand. Es stimmte, Seine Exzellenz war freundlich und liebenswürdig gewesen, doch die feindselige Haltung seiner Diener trug nur noch zu seiner Enttäuschung bei. Schweren Herzens schleppte er sich nordwärts durch die Stadt und über den langen Damm in Richtung des Tepeyac.

«Schicke jemand anderen»

Während er sich dem felsigen Hügel näherte, fühlte Juan Diego plötzlich mit instinktiver Gewissheit, dass die in lichten Wolken gekleidete Dame ihn oben auf dem Hügel erwarte. Er kletterte den steinigen Hang hinauf und fand sie schon dastehend, umflossen von demselben übernatürlichen Strahlenglanz, den er schon beim ersten Mal gesehen hatte. Er fiel sogleich auf die Knie und neigte sich in tiefer Verehrung. «Meine Herrin, edle Frau, Königin», brachte er atemlos hervor. «Ich gehorchte Deinem Auftrag. Ich bin in den Empfangssaal des Bischofs gegangen, obwohl es sehr schwierig war, bis es mir gelang. Ich habe mit ihm gesprochen, wie Du mich gebeten hast. Er empfing mich gütig und hörte mir aufmerksam zu; doch als er mir antwortete, schien es, dass er mir nicht glaube. Er sagte zu mir: ‹Du musst einmal wiederkommen, mein Sohn, wenn ich mehr Zeit habe, um Dir zuzuhören. Ich will über das, was du mir erzählt hast, nachdenken und will deinem guten Willen sorgfältige Beachtung schenken.› An der Art, wie er mir antwortete, erkannte ich, dass er der Meinung ist, ich erfände die Geschichte von Deinem Wunsch, dass hier eine Kirche erbaut werden soll... So bitte ich Dich, edle Dame, vertraue diese Botschaft jemand Bedeutendem an, jemandem, der gut bekannt und angesehen ist, damit Dein Wunsch erfüllt wird. Denn ich bin nur ein einfacher Bauer, und Du, meine Herrin, hast mich an einen Ort gesandt, wo ich kein Ansehen habe. Vergib mir, wenn ich Dich enttäuscht und in meinem Auftrag versagt habe.»

Die heilige Jungfrau lächelte ihn zärtlich an und sagte: «Höre, mein liebster Sohn, und wisse, dass ich viele Diener und Boten habe, die ich mit der Überbringung meiner Botschaft beauftragen könnte. Doch es ist ganz und gar notwendig, dass du derjenige sein sollst, der diese Mission ausführt und dass durch deine Vermittlung und deine Hilfe mein Wunsch erfüllt werden soll. Ich bitte dich dringend, morgen wieder zu dem Bischof zu gehen. Sage ihm in meinem Namen, und lasse ihn ganz genau meine Anordnung verstehen, dass er die Errichtung des Gotteshauses, worum ich bitte, ausführen soll. Wiederhole ihm, dass ich persönlich es bin, die immerwährende Jungfrau Maria, die Mutter Gottes, die dich sendet.»

Juan Diego schaute in ihr unaussprechlich schönes Antlitz und fühlte sich sehr beruhigt. Er erwiderte: «Heilige Herrin, ich will dich nicht enttäuschen. Auf Deinen Befehl will ich gern noch einmal hingehen, auch wenn man mir erneut nicht glauben wird. Morgen bei Sonnenuntergang will ich hierher zurückkehren und Dir über die Antwort des Bischofs Bescheid geben.» Damit stand Juan Diego auf, und indem er die strahlende Erscheinung mit einem langen, innigen Blick anschaute, verneigte er sich sehr tief und verabschiedete sich von ihr.

Als er nach Hause kam, ging er bald zu Bett, denn er war sehr müde, und es stand ihm morgen, Sonntag, erneut ein langer Weg bevor. Ein paar Stunden später erhob er sich in der Dunkelheit, und nach einem Fussmarsch, der ohne Zwischenfall verlief, traf er in der Kirche San Santiago in Tlatilolco zur Messe und zur Christenlehre ein. Es war fast 10 Uhr, als er die Kirche verliess und sich auf den Weg in die nahegelegene Stadt Mexiko begab. Auf seinem Weg dahin überdachte er im Geiste das Problem, wie er die Diener des Bischofs veranlassen könnte, ihn so schnell schon wieder vor Seine Exzellenz zu führen. Und wie sollte er den Bischof überzeugen, dass er die Wahrheit sagte? Der Gedanke, es könnte ihm misslingen, beunruhigte ihn. Wenn nun die Diener sich weigerten, ihn einzulassen, und wenn sie ihre grossen Hunde auf ihn hetzten...? Juan Diego flüsterte ein Gebet zu der allerseligsten Jungfrau Maria und schlug entschlossen die Richtung zum Hause des Bischofs ein. Sicher würde sie ihm beistehen, den Mut zu bewahren und ihm eine zweite Audienz zu gewähren.

Juan Diego erneut beim Bischof

Als er an der bischöflichen Residenz ankam, erstaunte es ihn nicht, dass man ihn mit unverhohlenem Ärger empfing. Seine Exzellenz hätte wichtigere Dinge zu tun, teilte man ihm brüsk mit, und es wäre ihm nicht möglich, mit ihm zu sprechen. Juan Diego beharrte auf seinem Verlangen. Er konnte schliesslich den Widerstand des Dieners brechen und wurde murrend erneut in den Innenhof geführt, wo er, wie ihm gesagt wurde, warten solle. Aus dem Ton des

Dieners entnahm er, dass er wiederum auf eine lange Wartezeit gefasst sein müsse.

Der kalte Wind jagte immer wieder in neuen Stössen durch den Hof. Juan Diego zog seine Tilma eng um sich, während er hin und her schritt und sich auszudenken versuchte, wie er den Bischof überzeugen könne, dass die Vision, die er gehabt hatte, echt sei. Alle paar Augenblicke lief ein Bediensteter vorbei, und manch einer wird ihm im Vorübergehen wohl einen zornigen Blick zugeworfen haben. Juan Diego tat, als bemerke er es nicht, doch fühlte er sich gedemütigt und ungemütlich. Er war überzeugt, dass sie ihn für einen dummen Indio ansahen – doch der grösste Schmerz, der ihm das Herz schwer machte, war die Sorge, ob er sie überzeugen könnte, dass er die Wahrheit sprach.

Nachdem er mehrere Stunden gewartet hatte, rief jemand schliesslich seinen Namen, und er wurde zum Bischof geführt. Zumárraga blickte auf, erstaunt, ihn so rasch schon wieder hier zu sehen. Doch er empfing ihn mit seiner gewohnten Höflichkeit, ohne zu wissen, dass sein Besucher so lange hatte warten müssen. Juan Diego warf sich sofort vor dem Bischof auf die Knie nieder und wiederholte die Botschaft der Dame mit aller Inbrunst, deren er fähig war. Doch seine Gefühlsbewegung übermannte ihn. Die Tränen stürzten ihm aus den Augen, und die Worte überschlugen sich leidenschaftlich, als er, die gefalteten Hände erhoben, bat, die Bitte der Dame zu erfüllen. Zumárraga war bestürzt über dieses seltsame Verhalten. Er legte dem Mexikaner die Hand auf die Schulter und drängte ihn in gütigem, väterlichem Ton, sich zusammenzunehmen und seine Fragen zu beantworten. Juan Diego holte tief Atem und fasste sich wieder. «Wo hast du sie gesehen?», fragte der Bischof. «Wie sah sie aus?» «Wie lange ist sie geblieben?» Der Mexikaner berichtete alles, was sich auf dem Tepeyac zugetragen hatte, und während des anschliessenden Kreuzverhörs widersprach er sich nicht in der geringsten Einzelheit seiner Geschichte.

Der Bischof verlangt ein Zeichen vom Himmel

Zumárraga war betroffen, doch war er nicht gewillt, einfach aufgrund einer unbewiesenen Aussage eines Indios hin eine Kirche an jenem abgelegenen Fleck zu bauen. Wie konnte er sicher sein, dass der Mann nicht irgendwie an Selbsttäuschung litt? Er brauchte etwas Überzeugenderes, etwas wie ein Zeichen vom Himmel. Als Juan Diego dies hörte, überflutete ihn eine Woge der Hoffnung. «Señor», fragte er eifrig, «was für ein Zeichen wollt Ihr haben? Ich werde sofort hingehen und die Herrin des Himmels, die mich gesandt hat, darum bitten.»
Wohl erstaunt über diese Antwort, zögerte der Bischof und gab dann an, dass er es der angeblichen Vision überlassen wolle, das Zeichen zu liefern. Damit war Juan Diego entlassen.
Sobald er gegangen war, beauftragte Zumárraga einige zuverlässige Leute, ihm zu folgen und heimlich zu beobachten, wohin er gehe und mit wem er spreche. Dies geschah, und indem sie einen diskreten Abstand zwischen sich und Juan Diego wahrten, behielten sie ihn im Auge, wie er durch das Stadttor und über den Damm zum Tepeyac ging. Als sie in einem Hohlweg bei dem Hügel angelangt waren, war er ihren Blicken plötzlich entschwunden. Die Männer des Bischofs suchten überall, kletterten über Felsen und schauten in Schluchten, doch war er nirgends zu sehen. Verärgert über die ganze vergebliche Mühe, deren Ursache er war, gaben sie schliesslich ihre Suche auf und kehrten in die Stadt zurück, wo sie dem Bischof erzählten, dass der Mexikaner offenbar ein

Schwindler sei, der sie alle an der Nase herumgeführt habe. Sie meinten, es müsse ihm ein Denkzettel versetzt werden, wenn er die Unverschämtheit habe, noch einmal aufzutauchen.

Zumárraga schwieg. Er war entschlossen, sich mit seinem Urteil zurückzuhalten, bis sich herausstellte, ob seine Bitte um ein Zeichen erfüllt würde.

Während die Suche nach Juan Diego noch anhielt, war dieser den holperigen Hang des Tepeyac hinaufgestiegen und fand sich erneut in der strahlenden Gegenwart der Muttergottes. Der helle Glanz, der sie umgab, hüllte ihn wie in einen lichten Nebel ein und verbarg ihn so vor den anderen. Er warf sich zu ihren Füssen nieder und schüttete ihr sein von Kummer überfliessendes Herz aus. Niemand hatte seiner Geschichte geglaubt. Er hatte sein Bestes getan, doch er hatte versagt. Würde die Herrin ihm, bitte, ein Zeichen geben, um den Bischof zu überzeugen, dass er wirklich die Wahrheit sagte?

«Komme morgen hierher zurück!»

Als seine angstvolle Stimme schliesslich verstummte, lächelte die Dame ihm zärtlich zu in vollem Verständnis für seine Bemühungen. «Es ist sehr gut, mein Söhnchen. Komme morgen hierher zurück, und du sollst das Zeichen erhalten, das er verlangt hat. Dann wird er glauben und nicht länger zweifeln oder dich verdächtigen.» Ihr Lächeln wurde noch liebevoller. «Achte gut auf das, was ich sage, mein Söhnchen: Ich werde dich reich entschädigen für allen Verdruss und alle Arbeit und Mühen, die du für mich hattest. Du kannst nun nach Hause gehen. Morgen werde ich hier auf dich warten.»

Voller Freude über die Worte der Dame kehrte Juan Diego nach Tolpetlac zurück. Ein grosser Stein war ihm vom Herzen gefallen. An diesem Abend ging er zu seinem geliebten Onkel Juan Bernardino hinüber, um ihn zu besuchen, doch traf er ihn zu seinem Entsetzen schwerkrank an. Er war an Cocolixtle erkrankt, einem gefürchteten Fieber, das unweigerlich den Tod bei allen davon befallenen Opfern herbeiführte. Juan Diego rief unverzüglich den Dorfarzt herbei, der sein Bestes tat, um die Leiden des alten Mannes mit Heilkräutern zu lindern; doch sein Zustand verschlechterte sich weiterhin.

Die ganze Nacht und den ganzen folgenden Tag sass Juan Diego mit betrübtem Herzen am Bett seines Onkels, erwies ihm Dienste und stand ihm bei so gut er konnte. Sicher würde die Dame seine missliche Lage verstehen und Einsehen haben, dass er nicht zum Tepeyac kommen konnte. Gegen Sonnenuntergang wurde es deutlich, dass sein Onkel sterben werde. Der Todkranke flehte seinen Neffen an, am nächsten Morgen früh nach Tlatilolco zu eilen und einen Priester zu holen, der seine Beichte hören und ihm die Sterbesakramente spenden solle. So machte Juan Diego sich gegen vier Uhr morgens auf den Weg und ging so schnell er konnte, denn er wusste, dass sein Onkel vielleicht nur noch ein paar Stunden zu leben hatte.

Juan Diego versäumt die Verabredung

Die Forscher haben sich oft gewundert, warum Juan Diego an diesem kritischen Punkt kein Vertrauen in die Macht der allerseligsten Jungfrau Maria bewies. Nachdem er sie gesehen und mit ihr gesprochen hatte und wusste, dass sie auf ihn wartete, scheint es erstaunlich, dass es nicht sein erster Gedanke war, zu der Verabredung mit ihr zu gehen und sie persönlich um das Leben seines kranken Onkels anzuflehen. Die verstorbene Helen Behrens, eine der grössten zeitgenössischen Autoritäten über Guadalupe, befasste sich sehr mit diesem Problem und interviewte viele Bewohner von Tolpetlac, wo die Überlieferung dieser Begebenheit von 1531 von Generation zu Generation weitergegeben wurde. Sie stellte fest, dass es ganz unterschiedliche Versionen über diese Episode gibt, wonach Juan Diego bei seiner Heimkehr am Sonntagabend feststellte, dass sein Onkel nicht zu Hause war. Nach einer ängstlichen Suche entdeckte er ihn am Rande eines nahegelegenen Wäldchens, mit dem Gesicht nach unten liegend, von einem Speer tödlich verwundet. Der grosse Aufstand gegen die Spanier stand unmittelbar bevor, und auf Juan Bernardino, einen Christen, war wohl geschossen worden, weil er mit den spanischen Missionaren «kollaborierte». – Sein Neffe trug ihn voller Schmerz in sein Haus zurück und konnte nicht verstehen, warum diese schreckliche Tragödie gerade in dem Augenblick seiner atemberaubenden Begegnung mit der Gottesmutter geschehen musste.

Vielleicht hatte der Bischof doch recht. Vielleicht bildete er sich die Visionen nur ein oder litt an Halluzinationen. Wahrscheinlich war es aufgrund solcher Gedanken, die in seinem Kopf herumgingen, dass er sich entschloss, seine Verabredung mit der Dame nicht einzuhalten. Wenn dies der Grund war, würde es eine Erklärung für seine grosse Bestürzung sein, als er sie dann am Dienstagmorgen traf. – Helen Behrens entdeckte auch, dass ein Steinkreuz an der Stelle errichtet worden war, wo Juan Bernardino angeblich von dem Speer getroffen wurde. Mehrere Jahrhunderte lang war es verschwunden gewesen, vielleicht in dem sumpfigen Land versunken, doch vor etwa siebzig Jahren war es nach einem Erdbeben wieder an seiner traditionellen Stelle aufgetaucht.

Am Dienstag, dem 12. Dezember, befand Juan Diego

sich morgens in Eile auf dem Weg nach Tlatilolco. Als er sich dem Tepeyac näherte, kam er zu einem Entschluss in einer Schwierigkeit, die ihn auf dem Weg beunruhigt hatte. Wenn er auf der gewohnten Seite über den Hügel ginge, würde die Dame ihn sehen und ihn anhalten, um ihm das Zeichen zu geben, das sie ihm für den Bischof versprochen hatte. Doch Juan Diego hatte keinen Augenblick Zeit zu verlieren, wenn er den Priester holen wollte, bevor sein Onkel starb. So nahm er den Weg quer über das holperige Grasland und umging den Hügel an der Ostseite, wo er ungesehen vorbeizukommen hoffte.

«Bin ich denn nicht hier, deine Mutter?»

Als er an einer bestimmten Stelle angekommen war, sah er zu seiner Bestürzung plötzlich die Dame in einem Lichtglanz von dem Hügel herabkommen und sich ihm auf schrägem Wege nähern, so dass sie ihm bald den Weg abschneiden würde. Überwältigt vor Scham und Verwirrung, unsicher, was er tun sollte, hörte er sie dann in ihrer gewohnten gütigen, liebreichen Stimme rufen: «Was ist geschehen, mein Söhnchen», fragte sie. «Wohin gehst du?»
Verwirrt ging er auf sie zu, und indem er sich tief verneigte, hörte er sich selbst Freundlichkeiten murmeln in dem Bemühen, seine Bestürzung zu verbergen. Dann fasste er sich wieder, und mit ruhigerer Stimme sagte er: «Edle Herrin, es wird Dich betrüben zu hören, was ich zu sagen habe. Mein Onkel, Dein armer Diener, ist sehr krank. Er leidet an hohem Fieber und liegt im Sterben. Ich eile zur Kirche in der Stadt Mexiko, um einen Priester zu holen, der ihm die Beichte hören und die Sterbesakramente spenden soll. Wenn ich das getan habe, werde ich unverzüglich zurückkommen, um Deinen Auftrag auszufüh-

ren.» Er zögerte und schaute sie bittend an. «Bitte vergib mir und habe Geduld mit mir. Ich will Dich nicht betrügen. Ich verspreche Dir getreulich, morgen in aller Eile hierher zu kommen.»

Einen Augenblick war Stille. Er konnte sehen, wie Liebe und Mitgefühl aus dem Blick der Dame strömten, und die Zärtlichkeit, mit der sie ihm so gütig antwortete, bewegte ihn fast zu Tränen. «Höre und lass es in dein Herz dringen, mein liebstes kleinstes Söhnchen», sagte sie tröstend, mit Worten, die durch die Jahrhunderte widerhallen sollten und Millionen ihrer Kinder bewegen würden, sich in ihre erbarmungsvollen Arme zu werfen. «Nichts soll dich erschrecken, nichts dich betrüben, nicht soll sich dein Antlitz, dein Herz verfinstern. Fürchte nicht diese Krankheit noch irgendeine andere Krankheit oder einen Kummer, einen Schmerz. Bin ich denn nicht hier, deine Mutter? Bist du denn nicht in meinem Schatten, unter meinem Schutz? Bin ich nicht der Brunnen deiner Freude? Bist du nicht in den Falten meines Mantels, in der Beuge meiner Arme? Brauchst du noch mehr als das?» Sie hielt inne, ihn anlächelnd, und fuhr dann fort. «Lass dich wegen der Krankheit deines Onkels nicht beunruhigen, denn er wird an diesem Übel nicht sterben. Gerade jetzt, in diesem Augenblick, ist er geheilt.»

Mit diesen erhabenen Worten, an einen einfachen mexikanischen Bauern gerichtet, offenbart Unsere Liebe Frau allen ihren leidenden Kindern die auserlesene Zartheit ihres Unbefleckten Herzens. Ihre Worte sind eine persönliche Botschaft von tiefer Liebe und mütterlicher Besorgtheit, die sie an jeden einzelnen von uns richtet, gleichgültig welchen Glauben wir haben, welcher Farbe, Rasse oder Klasse wir angehören. Die glorreiche Mutter Gottes war als die mitleidvolle Mutter, die Mutter der ganzen Menschheit, die Mutter der Barmherzigkeit und der Gnade, zu dem öden, kahlen Hügel Tepeyac gekommen – die Mutter des Erbarmens, der Christus uns in seinem Todesleiden am Kreuz anvertraute, damit sie – so wie er selbst bei seinem himmlischen Vater für uns eintritt – bei ihrem Sohn für uns bittet.[10]

Man kann sich gut vorstellen, welchen Trost Juan Diego empfand, als er solche Worte von der Muttergottes vernahm. Nachdem er sich von seinem freudigen Schrecken erholt hatte, bot er an, sich sofort mit dem versprochenen Zeichen auf den Weg zum Palast des Bischofs zu begeben. Die Dame lächelte zustimmend und hiess ihn, auf den Gipfel des Tepeyac zu steigen «zu der Stelle, wo du mich zuvor gesehen hast. Dort wirst du viele Blumen wachsen sehen. Pflücke sie sorgfältig, sammele sie und bringe sie dann her zu mir und zeige mir, was du hast.»

Juan Diego stieg eilfertig den Hügel hinauf, und als er oben angekommen war, staunte er über die leuchtende Fülle von Blumen, darunter kastilische Zuchtrosen, die auf dem gefrorenen Boden blühten. Nicht nur blühten sie ganz ausserhalb der Saison, sondern es wäre überhaupt für jede Blume ganz unmöglich gewesen, auf einem so steinigen Boden zu wachsen, der nur Disteln, Kakteen und Mezquite-Sträucher hervorbringen konnte. Er bemerkte, dass Tautropfen auf den Blumen glitzerten und dass von ihnen ein köstlicher Duft ausströmte, der ihm wie ein Hauch aus dem Paradies vorkam.

«Diese Blumen sind das Zeichen»

Indem er seine Tilma wie eine Schürze ausbreitete, füllte er sie mit den Blumen voll Farbenschmelz und stieg hinab zu der Stelle, wo die Dame in einer ovalen Aureole auf ihn wartete. Als er ihr die leuchtende Blumenpracht zeigte, ordnete sie sie sorgfältig mit ihrer eigenen Hand, und sie sprach dazu: «Mein Söhnchen, diese verschiedenartigen Blumen sind das Zeichen, das du dem Bischof bringen sollst. Sage ihm in meinem Namen, dass er daraus meinen Willen erkennen soll und ihn erfüllen muss. Du sollst mein Botschafter sein, der mein ganzes Vertrauen verdient. Ich befehle dir, die Tilma nicht zu öffnen, ihren Inhalt nicht zu enthüllen, als erst in seiner Gegenwart. Dann sage ihm alles. Schildere, wie ich dich nach oben auf den Hügel geschickt habe, wo du diese Blumen in verschwenderischer Fülle fandest, darauf wartend, gepflückt zu werden. Erzähle ihm erneut alles, was du hier gesehen und gehört hast, um ihn anzutreiben, meinen Wünschen nachzukommen und das Gotteshaus hier zu bauen, wie ich gebeten habe.»

Juan Diego nickte zum Zeichen, dass er verstand, und indem er die Enden seiner Tilma sorgfältig vor seiner Brust hielt, um keine der zarten Blumen zu zerdrücken, verneigte er sich ehrfurchtsvoll und wandte sich in Richtung des Dammes, der in die Stadt Mexiko führte. Sein Herz klopfte frohlockend, als er voranschritt; denn dieses Mal würde der Bischof ihm glauben müssen. Obwohl er wusste, dass es wieder Schwierigkeiten mit den Dienern des Bischofs am Tor geben könnte, fühlte er sich dieses Mal sicher, dass nichts mehr den Bischof hindern würde, ihm zu glauben.

Kaum war er am Haus des Bischofs angekommen, als die Diener erbost herbeistürzten, um ihn zu verjagen. Doch Juan Diego beschwor sie, ihn nur dieses eine einzige Mal noch zu dem Bischof zu führen, und er beharrte darauf, dass dieses Mal der Bischof bestimmt seiner Geschichte glauben würde. Sie weigerten sich und taten, als ob sie ihn nicht verstünden. Sie trieben ihren Spott mit ihm und verschlossen die Eisentore klirrend vor seinem Gesicht. Juan Diego weigerte

sich wegzugehen, entschlossen, wenn es nötig wäre,
den ganzen Tag vor den Toren zu warten, um sie
durch seine Ausdauer zu erschöpfen.

Etwa eine Stunde später sah einer der Bediensteten
innerhalb des Grundstückes, dass er noch immer da
war und die Enden seiner Tilma krampfhaft festhielt,

als ob er etwas verberge. Er fragte Juan Diego, was er da trage, doch es war ihm nicht möglich, eine befriedigende Antwort aus ihm herauszubringen. Als sie den sonderbaren Wortwechsel hörten, erschienen mehrere andere Bedienstete, öffneten die Tore und stellten sich rings um den Mexikaner. Sie verlangten, dass er seine Tilma öffne. Als er sich weigerte, drohten sie, Gewalt anzuwenden. Da er erkannte, dass es ihnen ernst war, öffnete Juan Diego widerstrebend ein klein wenig die Tilma, um ihnen einen flüchtigen Blick auf die Blumen zu gewähren. Es verschlug ihnen den Atem beim Anblick der herrlichen Blumen, und sie waren ganz überwältigt von dem erlesenen Duft. Begierig versuchten sie, danach zu greifen, doch wenn sie es taten, schienen die Blumen mit der Tilma zu verschmelzen, so als ob sie eine Stickerei wären. Einer von ihnen lief dann fort, um dieses ausserordentliche Ereignis dem Bischof zu melden.

Bischof Zumárraga, der wiederum nicht wusste, dass Juan Diego so lange hatte warten müssen, wunderte sich, ob er dieses Mal das Zeichen bringen werde, das er verlangt hatte, und befahl, Juan Diego sofort zu sich zu führen.

Juan Diego fand den Bischof umgeben von einer Anzahl von imponierend aussehenden Persönlichkeiten, darunter Bischof Don Sebastian Ramirez y Fuenleal, der neue Gouverneur von Mexiko. Anstelle einer Kniebeuge machte er eine tiefe Verbeugung, aus Furcht, dass ihm die Tilma entgleiten könne, und berichtete, was sich auf dem Tepeyac zugetragen hatte. Juan Gonzales fungierte wieder als sein Dolmetsch.

«Eure Exzellenz», sagte Juan Diego, «ich gehorchte Eurer Anweisung. Ganz früh heute morgen sagte die Himmelsherrin zu mir, ich solle noch einmal hierher gehen und mit Euch sprechen. Ich bat um das Zeichen, das Ihr verlangtet und das sie mir zu geben versprochen hatte. Sie sagte mir, ich solle nach oben auf den Hügel steigen, dort wo ich sie früher gesehen hatte, um die Blumen, die dort wüchsen, zu pflücken. Ich wusste ganz gut, dass oben auf dem Hügel keine Blumen wachsen können, besonders nicht zu dieser Jahreszeit, doch zweifelte ich nicht an ihren Worten. Als ich oben ankam, war ich erstaunt, mich von schönen Blumen umgeben zu sehen, die alle von Tautropfen glänzten. Ich pflückte so viele wie ich tragen konnte und brachte sie zu ihr zurück. Sie ordnete sie mit ihren eigenen Händen und legte sie wieder in mein Gewand, damit ich sie Euch bringe. Hier sind sie. Seht da, nehmt sie.» Mit diesen Worten liess Juan Diego die Enden seiner Tilma los, und die Blumen, darunter kastilische Zuchtrosen, fielen auf den Boden herab, verschwenderisch in ihrem Duft.[11]

Das Bild erscheint auf der Tilma

Zumárraga starrte sie sprachlos einen Moment lang an. Voller Staunen erhob er dann seine Augen zu der Tilma, und in diesem Augenblick erschien darauf ein herrliches Bild der Mutter Christi. Wie elektrisiert hefteten sich die Augen der in dem lautlosem Raum anwesenden Personen einen Augenblick lang auf das strahlende Bild, als ob sie eine Erscheinung schauten. Dann sanken alle langsam in Ehrfurcht und Verehrung auf ihre Knie nieder. Äusserst verwirrt blickte Juan Diego an sich herab, um zu sehen, warum sie so wie erstarrt auf einen Punkt blickten, und überwältigt sah er vor sich ein genaues Abbild der himmlischen Dame, die er auf dem Tepeyac gesehen hatte.

Juan Diegos Augen leuchteten vor Verwunderung. So war sie also, wie es schien, gewissermassen in ei-

gener Person gekommen, um dem Bischof dieses weitere unanfechtbare Zeichen zu geben, einen wunderbaren sichtbaren Ausdruck ihrer Gegenwart, den Millionen durch die Jahrhunderte hindurch mit derselben Ehrfurcht und Verehrung betrachten sollten, wie sie sich nun in den Gesichtern des Bischofs und der ihn Umgebenden widerspiegelte.

Als Zumárraga sich schliesslich von den Knien erhob, umarmte er Juan Diego und bat ihn um Verzeihung, dass er ihm misstraut hatte. Er lud Juan Diego ein, die Nacht über als sein Ehrengast bei ihm zu bleiben und versprach ihm, am nächsten Tage mit ihm zu diesem gesegneten Ort zu gehen, wo auf Bitten der Gottesmutter eine Kirche erbaut werden sollte. Mit grösster Behutsamkeit löste der Bischof die Tilma von Juan Diegos Schultern und trug das veränderte Gewand ehrerbietig in seine Privatkapelle, wo er das Bild nach Herzenslust anschauen konnte.

Die Botschaft von dem wunderbaren Ereignis verbreitete sich in Windeseile in der ganzen Stadt, und am nächsten Morgen wurde das heilige Bild in Begleitung einer freudig erregten Triumphprozession zur Kathedrale getragen. Gegen Mittag geleiteten der Bischof und sein Gefolge Juan Diego an die Erscheinungsstätte.

Nachdem er sich hatte beraten lassen, bestimmte Zumárraga, dass unverzüglich eine kleine Kapelle gebaut werden solle, bis ein sorgfältiger Plan für eine viel grössere und wirklich würdige Gnadenkirche vorliege. Als all dies geschehen war, bat Juan Diego um Erlaubnis, sich zurückzuziehen, denn er wartete mit Ungeduld darauf, nach Hause zu seinem Onkel zu kommen. Er zweifelte nicht an der Versicherung der Dame, dass der Onkel geheilt worden sei, doch sehnte er sich danach, ihn gesund wiederzusehen. Der Bischof gab seine Einwilligung, bestand aber darauf, ihm ein Ehrengeleit aus seinem Personal mitzugeben. Zu seiner Verwirrung wurde Juan Diego wie ein Nationalheld im Triumph in sein bescheidenes Dorf heimbegleitet.

Juan Bernardino berichtet die Worte
der Gottesmutter

Als sie in Tolpetlac ankamen, war er überglücklich, seinen Onkel draussen vor der Tür seines Hauses sitzend gesund anzutreffen. Der alte Mann erhob sich und war verwundert, seinen Neffen von einer Schar ihn verehrender Caballeros und Patres begleitet zu sehen. Eine Menge Dorfbewohner versammelte sich rasch um ihn, und Juan Diego erzählte alles, was sich zugetragen hatte. Sein Onkel nickte bestätigend, so als ob er die Geschichte schon kenne, und begann dann, dem Bericht einen eigenen, erstaunlichen Epilog anzufügen:
Nachdem sein Neffe fortgegangen war, um einen Priester zu rufen, war er zu schwach geworden, die Medizin einzunehmen, die neben seinem Bett stand. Er fühlte, dass sein letzter Augenblick gekommen war. Plötzlich wurde der Raum von Licht durchflutet, und eine schöne Dame erschien ihm, die Frieden und Liebe ausstrahlte. Juan Bernardino fühlte unverzüglich, dass er von dem Fieber geheilt war, und, sich von seinem Bett erhebend, fiel er vor der himmlischen Erscheinung auf die Knie. Die Dame sagte ihm, dass sie seinen Neffen aufgehalten und ihn zu dem Bischof gesandt habe mit ihrem heiligen Bild, das auf seiner Tilma eingeprägt sei. Sie hatte dann den Titel offenbart, unter dem sie in Zukunft bekannt sein wollte und wovon er den Bischof unterrichten solle.
Der Dolmetsch, der die Worte des Titels für den Bischof übersetzte, dachte wohl, Juan Bernadino versuche zu sagen «Die immerwährende Jungfrau, die

heilige Maria von Guadalupe». Zumárraga war verwundert, denn der Name Guadalupe stand in gar keinem Zusammenhang mit Mexiko, sondern war der Name eines berühmten Marien-Wallfahrtsortes in dem fernen Spanien.

Guadalupe in Spanien

Dieser Wallfahrtsort in Estremadura, einer Provinz in der in Ostspanien gelegenen Sierra, bestand schon Jahrhunderte vor der Erscheinung auf dem Tepeyac. Ein kurzer Rückblick auf seine Geschichte wird uns helfen zu verstehen, warum der Dolmetsch des Bischofs annahm, Maria habe sich unter dem Namen «Unsere Liebe Frau von Guadalupe» zu erkennen gegeben.

Die Statue in dem spanischen Wallfahrtsort stellt die Gottesmutter dar, das Jesuskind auf einem Arm tragend und in der anderen Hand ein Kristallszepter zum Zeichen ihrer Gottesmutterschaft. Das Bild hatte eine wechselvolle Geschichte. Die Überlieferung berichtet, dass es von dem heiligen Papst Gregor dem Grossen in seinem Privat-Oratorium verehrt worden sei und dass er es schliesslich seinem Freund, dem heiligen Leander, Bischof von Sevilla, geschenkt habe. Es wurde in Sevilla bis zum Einfall der Mauren im Jahre 711 n.Chr. verehrt, als einige Geistliche, die vor den Mauren flüchteten und für die Sicherheit des Gnadenbildes fürchteten, es in einer eisernen Kassette verbargen, die sie dann in einer Höhle versteckten. Im Jahre 1326 soll Maria dem Hirten Gil erschienen sein und ihm gesagt haben, wo die Statue und ihre Beglaubigungsurkunde zu finden seien. Die Höhle lag an den Ufern des Guadalupe, einem Fluss, dessen Name wörtlich «Wolfsfluss»[12] bedeutet, wahrscheinlich, weil dieser Teil des Landes in vergangenen Zeiten von Wölfen heimgesucht wurde. Im Jahre 1340 wurde im Auftrag von König Alfonso XI. von Kastilien das Königliche Monasterium von Guadalupe erbaut, um die Statue dort zu beherbergen, und der König stellte sie unter die Obhut der Franziskaner. Bald wurde das Kloster ein sehr berühmter spanischer Wallfahrtsort, der ständig Scharen von Pilgern anzog. Es ist vielleicht bezeichnend, dass Christoph Columbus dort betete, bevor er sich zu seiner bedeutenden Entdeckungsreise einschiffte, die von solcher Tragweite werden sollte. Zum Zeichen seiner Dankbarkeit, dass er bei einem Schiffbruch auf seiner Rückreise nach Spanien mit dem Leben davonkam, hatte er der Insel, auf die er sich wie durch Vorsehung retten konnte, den Namen Guadalupe gegeben.

Guadalupe in Mexiko

Die ersten spanischen Missionare in Mexiko verbreiteten natürlich an allen Orten, wo sie hinkamen, die Verehrung zu ihrer Jungfrau von Guadalupe, und höchstwahrscheinlich war es diese innige Verehrung, die zu einem Missverständnis im Hinblick auf den Namen der Erscheinung führte, den Juan Bernardino Bischof Zumárraga angab. Das Wort Guadalupe kann in Nahuatl, der aztekischen Sprache, die Unsere Liebe Frau benutzte, gar nicht geschrieben oder ausgesprochen werden, da es in ihr die Buchstaben D und G nicht gibt.

Deshalb ist die unumgängliche Schlussfolgerung, dass sie sich unter einem Namen zu erkennen gab, der *phonetisch* ähnlich wie «Guadalupe» klingt. Es ist begreiflich, dass der Dolmetsch meinte, Juan Bernardino versuche, das Wort *Guadalupe* auszusprechen, und so wurde der Name für den neuen Wallfahrtsort und Kult übernommen. Für solche fehlerhaften Übersetzungen gibt es viele Beispiele bei mexikanischen Ortsnamen, denen die Spanier einfach ihre phonetische Entsprechung gegeben haben.

Es mangelt nicht an historischen Beweisen dafür, dass die mexikanischen Indianer anfangs nur widerstrebend den Namen eines spanischen Heiligtums für ihre geliebte Muttergottes annahmen, wenn es auch Tatsache ist, dass er in den 60er Jahren des 16. Jahrhunderts offiziell festgesetzt wurde, und dass sie statt dessen einen eigenen Namen dafür erfanden. Zum Beispiel ersehen wir aus den indianischen Geschichtsbüchern, dass noch bis Ende des sechzehnten Jahrhunderts die Eingeborenen gewöhnlich nicht den Namen Guadalupe gebrauchten – im Gegenteil: sie gaben dem Heiligtum den Namen *Tonantzin* und andere pseudoheidnische Namen, was Anlass für grosse Reibereien in der jungen mexikanischen Kirche war. In einem Bericht über die Erscheinungen, der als *Inin Huey Tlamahuizoltzin* («Siehe, ein grosses Wunder») bekannt und nach der Meinung von Historikern möglicherweise früher als der *Nican Mopohua* geschrieben wurde, ist es bezeichnend, dass der Name Guadalupe nicht vorkommt. Sein Fehlen wird durch Begebenheiten in den indianischen Geschichtswerken bestätigt. Becarro Tanco, der eine führende Rolle in den Apostolischen Prozessen von 1666 spielte, schrieb, dass die Gelehrten sich lange mit dem Namen Guadalupe auseinandergesetzt haben. Er kam zu dem Schluss, dass die Gottesmutter in Wirklichkeit das ähnliche klingende aztekische Wort *Tequantlaxopeuh* (sprich Tequetalupe) gebraucht habe, was die Bedeutung «Die uns vor dem Verschlinger rettet» hat. Zu jener Zeit wurde mit «Verschlinger» sowohl Satan wie der entsetzliche heidnische Gott bezeichnet.[13] Pater Florencia vertrat ebenfalls diese Ansicht in seiner kurzen Geschichte der Erscheinungen, *Estrella del Norte,* die im Jahre 1688 herauskam. Mit anderen Worten: Maria identifizierte sich als die Unbefleckt Empfangene, die Eine, die Siegerin über den Satan sein würde. Es ist bekannt, dass Bischof Zumárraga am 24. Dezember 1531 an Cortés schrieb und den Eroberer zur Teilnahme an der Triumphprozession einlud, in welcher das heilige Bild von der Hauptstadt zu der ersten *Ermita,* oder Klause, übertragen wurde, und dass er das Bild Unserer Lieben Frau mit dem Namen «Die Unbefleckt Empfangene» bezeichnete. Hieraus dürfen wir schliessen, dass das Missverständnis über das Wort «Guadalupe» später korrigiert wurde, obwohl wir darüber keinen Bericht als Beweis dafür haben. Mit Sicherheit verdrängte aber der Titel «Unbefleckt Empfangene» niemals den Titel «Unsere Liebe Frau von Guadalupe».

Maria die Schlangenzertreterin

Das Geheimnis war immer noch nicht ganz geklärt, als im Jahre 1895 Professor D. Mariano Jacobo Rojas, Chef der Abteilung für die Nahuatl-Sprache am Nationalmuseum für Archäologie, Geschichte und Ethnographie, eine gründliche wissenschaftliche Untersuchung über das Wort Guadalupe erstellte. Seine Schlussfolgerung war, dass die Gottesmutter das Wort *Coatlaxopeuh* gebraucht habe, was bedeutet «welche die Schlange zerstört, zertritt oder vernichtet» und was wiederum ein Äquivalent für «Unbefleckt Empfangene» ist. Seine Ansicht wurde im Jahre 1936 und 1953 durch zwei voneinander unabhängige Autoritäten erhärtet. Nach einer weiteren erschöpfenden Studie über den Gegenstand schrieb ein belgischer Jesuit im Jahre 1931 ein umfangreiches Buch mit dem Titel *«La Nacionalidad Mexicana y la Virgen de Guadalupe»* (Die mexikanische Nation und die Jungfrau von Guadalupe). Er betonte darin mit Nachdruck, es sei zu erwarten gewesen, dass die Muttergottes Juan Bernardino eine Botschaft von so transzendentaler Bedeutung in seiner eigenen Sprache gegeben habe, so dass er die Worte in Erinnerung behalten und wiedergeben konnte – nicht aber eine Botschaft, in der ein arabisches Wort wie *Guadalupe* vorkommt, was man in Nahuatl nicht schreiben oder aussprechen kann. Es muss auch beachtet werden, dass zur Zeit der Erscheinungen die Franziskaner ihre Konvertiten auf das Fest der Unbefleckten Empfängnis vorbereiteten. In ihren Predigten wiesen sie auf Maria hin als auf «die, welche die Schlange vernichtet», da sie wussten, dass dies einen tiefen Eindruck auf die Indios machen würde, da es auch das Zertreten ihres furchtbaren Schlangengottes bedeutete.

Eine neuere Untersuchung über das Wort Guadalupe wurde in den 50er Jahren dieses Jahrhunderts von der verstorbenen Helen Behrens angestellt, die mit dem bekannten Nahuatl-Gelehrten Byron MacAfee zusammenarbeitete. In ihrem Referat bemerkt sie: «Weder Bischof Zumárraga noch irgendein anderer spanischer Würdenträger vermochte zu erklären, wieso sie wünschte, «de Guadalupe» genannt zu werden. Der Grund dafür muss sein, dass sie diesen Satz überhaupt nicht so gesagt hat. Sie sprach in der Eingeborenensprache, und die Wortverbindungen, die sie gebrauchte, müssen für die Spanier wie ‹de Guadalupe› geklungen haben. Das aztekische ‹te coatlaxopeuh› hat einen ähnlichen Klang. ‹te› bedeutet Stein, ‹coa› bedeutet ‹Schlange›, ‹tla› ist die Endung des Hauptwortes und kann mit ‹die› übersetzt werden, während ‹xopeuh› ‹zertreten› oder ‹niederstampfen› bedeutet. Ihr kostbares Bild wollte also bekannt sein unter dem Namen ‹Die heilige Maria, die vollkommen unbefleckte Jungfrau, welche die steinerne Schlange zertreten, mit dem Fuss niederstampfen, vernichten oder vertilgen wird».»

Diese Schlange war, wie wir gesehen haben, der gefürchtete gefiederte Schlangengott Quetzalcoatl, das ungeheuerlichste Monster aller einheimischen aztekischen Gottheiten, dem jährlich 20 000 Menschenopfer dargebracht wurden. Wenn diese Interpretation von Helen Behrens richtig ist, wovon viele Guadalupe-Experten überzeugt sind, dann gab die allerseligste Jungfrau zu verstehen, dass sie alle aztekischen Götter zertreten würde, hinter denen natürlich Satan stand. Hier denkt man an Gen 3,14−15: «Gott der Herr sprach zu der Schlange... Ich will Feindschaft setzen zwischen dir und dem Weibe, zwischen deiner Nachkommenschaft und ihrem Nachkommen. Sie wird dir den Kopf zertreten, du aber wirst ihrer Ferse nachstellen.» In Offb 20,2 wird die Schlange ausdrücklich mit dem Satan gleichgesetzt. Und der Sieg Mariens über die Schlange ist genau das, was sich in Mexiko ereignete. Als unmittelbares Ergebnis der Erscheinungen erfolgten die grössten Massenbekehrungen in der Geschichte der Christenheit.

Zusammenfassend erscheint es kaum wahrscheinlich, dass die allerseligste Jungfrau sich mit ausdrücklichen Worten die «Unbefleckte Empfängnis» genannt haben sollte, da das Dogma noch nicht definiert worden war.[14] Erst nachdem dieses Dogma im Jahre 1854 von der Kirche verkündet worden war, geschah es, dass sie öffentlich (1858 in Lourdes) diese einzigartige Würde, die Gott ihr verliehen hat, bestätigte. Es ist bezeichnend, dass in jenen Gegenden Mexikos, wo heute noch immer Nahuatl gesprochen wird, das heilige Bild noch immer «Santa Maria Te Quatlasupe» (eine etwas einfachere Ausspracheform für Te Coatlaxopeuh) genannt wird und nicht die spanische Version «Nuestra Señora de Guadalupe» (Unsere Liebe Frau von Guadalupe) gebraucht wird. Einer der Gründe, warum der Name Guadalupe sich so fest bei uns eingebürgert hat, ist der, dass fast alle unsere Kenntnisse darüber aus dem Spanischen stammen — viel mehr als von Übersetzungen aus dem Aztekischen.

Mexiko-Stadt um das Jahr 1531. Heute sind die umliegenden Seen (Lake) alle ausgefüllt, ausgenommen der Xochimilco-See, welcher sich an der Südseite der Stadt Mexiko befindet, welche heute eine Gesamtbevölkerung von etwa achtzehn Millionen aufweist.

3. Kapitel

Die Bekehrung der Azteken

Am nächsten Tag wurden Juan Diego und sein Onkel im Triumph in die Residenz des Bischofs geleitet, wo sie für zwei Wochen als seine Ehrengäste blieben. Unterdessen kamen Tausende in Scharen zu der Kathedrale, um die «Mutter des Gottes des weissen Mannes» selbst zu sehen.

Es war ein erhebendes Erlebnis, die stumme Herrlichkeit des heiligen Bildes anzuschauen. Die unaussprechlich zarten Züge waren die eines schönen jungen Mädchens, von olivfarbenem Teint, mit blühenden Wangen, dunkelbraunem Haar. Die Augen, in demütiger Haltung gesenkt, waren so ausdrucksvoll, dass sie eher die Augen eines lebenden Wesens zu sein schienen. Sie trug ein rosafarbenes Gewand, darüber ein feines spitzenartiges, goldgewirktes Überkleid in einem erlesenen Blumenmuster. Ein grünlich-blauer Mantel bedeckte ihr Haupt und fiel zu den Füssen herab. Die strahlende Schönheit ihrer Person, vereint mit der Aura übernatürlicher Gegenwart, hat ungezählte Millionen bis zum heutigen Tag gefesselt.

Sie hat etwas von sich selbst im Bild zurückgelassen

Vier Jahrhunderte später schilderte der amerikanische Autor Coley Taylor anschaulich die ausserordentliche optische Wirkung des heiligen Bildes. Er schrieb: «Je mehr wir es anschauen, desto wunderbarer erscheint es ... Wenn man die gebrochene Naht sieht, wundert man sich, wie es zusammenhält. Der Ausdruck im Gesicht der Gottesmutter ist ganz und gar unbeschreiblich. Er ist so liebreizend zärtlich, so voller Liebe, so menschlich in seinem rätselhaften Lächeln, das viel bewunderungswürdiger ist als das der berühmten Mona Lisa von Leonardo da Vinci. Nachbildungen geben den Liebreiz und die sanfte Formung der Lippen nicht wieder. Auf manchen Abbildungen scheinen die Augen vorzustehen und die Lippen fast gespitzt, doch hat das Original nichts dergleichen. Die Konturen sind alle lieblich. Am charakteristischsten sind natürlich die Augen, die nicht wie die gemalten Augen bei einem Porträt aussehen, sondern wie lebendige Menschenaugen.

Für mich ist das Merkwürdigste dies: Wenn man nahe vor einem Gemälde steht, sieht man das Detail gewöhnlich schärfer als aus der Entfernung. Doch bei dem heiligen Bild ist es nicht so. Aus der Nähe kann man kaum die Sterne in ihrem Gewand sehen, doch aus der Entfernung sehen sie strahlend aus. Wenn man das Bild auf einem Gerüst stehend aus der Nähe betrachtet, hat ihr Gewand nicht die grünlich-blaue Farbe, die man aus der Entfernung sieht, sondern eine viel blauere, und zwar dunkelblaue. Das Rosa ihres Gewandes ist in der Nähe sehr blass, doch tief rosa aus einiger Entfernung.

Diese Umkehr der Dinge frappiert mich masslos und ist uns allen ein Rätsel. Dies ist und muss auch ein Teil des Phänomens der Veränderung in der Grösse ausmachen, die man antrifft, wenn man das Gemälde[15] vom Mittelschiff der Basilika[16] her so gewaltig auftauchen sieht, es aber beim Näherkommen auf normale Grösse «schrumpft». Auch dies ist eine Umkehrung. Und immer ist das gewaltige Gefühl der Gegenwart da, eine Anmut und Güte, die magnetisch anzieht, wie ich es nie bei irgendeinem religiösen oder profanen Bild, die ich je bewunderte und liebte, erlebt habe. Dabei habe ich in fünfundzwanzig Jahren, die ich in New York lebte, sehr viele Meisterwerke studiert und bewundert: von El Greco, Goya,

Leonardo, Michelangelo, Raphael, Vermeer, Holbein, Rembrandt, Tizian – in den ständigen Museumsausstellungen wie in Privatsammlungen und in grossen Leihausstellungen. Es gibt nichts, was sich mit dem Bild Unserer Lieben Frau von Guadalupe vergleichen liesse. Sie hat etwas von ihrer Gegenwart darin zurückgelassen – das ist alles, was man sagen kann.

Weiter haben wir alle bemerkt, dass ihr Gesicht ‹schlecht beleuchtet› zu sein scheint. Das ist aber nicht der Fall. Ich denke, sie hält es ein bisschen in den Schatten – vielleicht aus Bescheidenheit. Keine Dame hat es gern, angestarrt zu werden. Dies ist wiederum eine Umkehrung, die bei diesem Bild vorkommt. Ihr Gesicht ist aus der Nähe betrachtet deutlicher im Detail, doch wie von einem Schleier bedeckt, wenn man es auch nur vom Fusse des Altares aus ansieht. Es ist ganz und gar ein Paradox und ein Entzükken, das sich nicht in Worte kleiden lässt. Es ist auch diese sanfte Gegenwart, diese lebendig wirkende Anmut, diese rätselhafte Ausstrahlung, die kein Künstler noch irgendeine Reproduktion wiederzugeben vermag. In irgendeiner geheimnisvollen übernatürlichen Weise ist sie noch immer hier auf dem Tepeyac...»[17]

Hat Maria auf Erden so ausgesehen?

Man hat gemeint, dass Maria in ihrer Kleidung und in ihrem Antlitz nicht das Aussehen einer Mexikanerin, sondern einer Jüdin habe.[18] Mexikanische Frauen, ob reiche oder arme, trugen kurzärmelige Blusen mit viereckigem Halsausschnitt und Röcke, die gut das Knie bedeckten. Die Gewänder auf dem heiligen Bild sind jedoch ganz lang, wie sie von arabischen und jüdischen Frauen in Palästina im Winter getragen werden. Da die Mode im Heiligen Land sich während der letzten 2000 Jahre kaum geändert hat, ist man versucht zu spekulieren, dass das Bild Unserer Lieben Frau von Guadalupe sie so darstellt, wie sie tatsächlich auf Erden ausgesehen haben mag – obwohl wir hierüber natürlich nichts sicheres wissen können. Es ist jedoch erwähnenswert, dass einer der Experten über Guadalupe, P. José de Guadalupe Mujica O.F.M., der zu der obigen Ansicht neigt und viele Forschungsarbeiten auf diesem Gebiet geleistet hat, einer der ganz wenigen verdienstvollen Autoren ist, die das Vorhandensein von gemalten Hinzufügungen auf der Tilma vermuteten.

Es ist aber unleugbar, dass die allerseligste Jungfrau einen Eindruck der Reinheit ausstrahlt, der Generationen von mexikanischen Frauen zur Nachahmung inspiriert hat. Pater Florencia S.J. schrieb schon vor mehreren Jahrhunderten darüber und bemerkte diese ausserordentliche Wirkung, die durch das Betrachten des Gnadenbildes hervorgerufen wird. Er schrieb: «Mögen alle Frauen, welchen Ranges auch immer, in dem Bild dieser hohen Herrin eine Gestalt der Reinheit und einen Spiegel der Demut finden. Mögen sie ihre zuchtvolle Zurückhaltung und die Schicklichkeit ihres so keuschen Gewandes nachahmen. Von diesem Bild strahlen wie von einem reflektierenden Kristall viele Zeichen der Ehre und Fleckenlosigkeit, von Licht und Herrlichkeit aus. Mögen alle Frauen davon lernen. Mögen sie von dem Bilde lernen, wie sie es ihr in ihrem eigenen Leben gleichtun können, was sie ablegen, wo sie sich zurückhalten müssen, um niemandem ein Ärgernis zu geben.»[19]

Die Menschen, die als erste in Ehrfurcht und Staunen das wunderbare Bild sahen, verbreiteten die Kunde von dem Wunder über ganz Mexiko, und riesige Menschenscharen strömten zu der Kathedrale. Tausende knieten wie entrückt vor dem himmlischen Bild, wurden von der ausserordentlichen Ausstrahlung überwältigt und nahmen die ätherische Reinheit seiner Schönheit in sich auf. «Allen jenen, die die Gnade haben, ihre Augen an dem Anblick dieses so erhabenen Gegenstandes zu erfreuen und zu beseligen», schrieb P. Florencia S.J. im Jahre 1674, «wird jedes andere Bild wie Kehricht erscheinen.»[20] Und der Historiker Clavigero schrieb im Jahre 1758 über die Bevorzugten und Begnadeten, «die die unermessliche Glückseligkeit haben, das schönste, majestätische Bild von Guadalupe zu sehen».[21]

Indem sie der Anmut der himmlischen Herrin erlagen, wurden die heidnischen Azteken ohne es zu wissen zu den Füssen ihres göttlichen Sohnes gezogen. Indem sie überwältigt die übernatürliche Lieblichkeit ihres Antlitzes betrachteten, wurden Bande dauernder Liebe und des Vertrauens geschmiedet, die jede Seele wie mit unsichtbaren goldenen Ketten fesselt. «In dieser mütterlichen Gegenwart und ihrer liebevollen Nähe fühlt man sich wie ein einfaches, unschuldiges, liebendes Kind» – so drückte Pater H. Rahm S.J. es Jahrhunderte später aus.[22]

Die erste «Klause»

Unterdessen befasste Bischof Zumárraga sich mit Plänen für die Errichtung eines angemessenen Heiligtums auf dem Tepeyac entsprechend den Wünschen der Dame. Schon stiegen zahlreiche Pilger die rauhen Hänge des Hügels hinan, um an der Stätte der Erscheinungen niederzuknien und zu beten. Es war dringend notwendig, dort unverzüglich eine provisorische Kapelle zu bauen, bis ein dauerhaftes und passenderes Gebäude an der Stelle errichtet werden konnte. Eine grosse Zahl von Mexikanern und Spaniern boten bereitwilligst ihre freiwillige Arbeit an, und innerhalb zweier Wochen war eine kleine Steinkapelle oder Ermita (Klause), wie sie genannt wurde, fertiggestellt.

Am 26. Dezember 1531 wurde das heilige Bild in einer Triumphprozession von der Kathedrale zum Tepeyac geleitet. Die Prozession zog durch die engen Strassen der Stadt, dann hinaus über den Damm. Sie wurde angeführt von Bischof Zumárraga, dem Franziskaner- und Dominikaner-Missionare folgten, denen sich eine riesige Volksmenge anschloss. Menschen in fröhlicher Stimmung säumten die engen, gewundenen Strassen der Stadt. Bunt geschmückte Boote fuhren auf dem Texcocosee zu beiden Seiten des Dammes auf dem sonnenbestrahlten Wasser, während auf dem Landweg Mexikaner zu Musikklängen tanzten. Es war ein grossartiges Schauspiel. Freude und Pracht herrschte überall. «Die Jungfrau ist eine von uns!», sangen sie jubelnd. «Unsere reine Mutter! Unsere hohe Frau ist eine von uns.»[23]

Das erste Wunder auf dem Tepeyac

Eine Gruppe von Mexikanern liess sich so von der Freude hinreissen, dass sie Pfeile in die Luft schossen. Einer dieser Pfeile traf einen Zuschauer im Nakken und tötete ihn auf der Stelle. Der Tote wurde durch die schreckensgelähmte Menge zu der Kapelle auf dem Tepeyac getragen und vor dem heiligen Bild niedergelegt, das Bischof Zumárraga soeben aufgestellt hatte. Die riesige Menge, die sich in der Kapelle und ringsum drängte, betete spontan um ein Wunder. Alle Stimmen erhoben sich in flehentlicher Bitte zu der Mutter der christlichen Religion. Wenige Minuten später öffnete der Tote die Augen und erhob sich, vollkommen geheilt.

Dem atemlosen Staunen folgte ein Ausbruch unbeschreiblicher Freude. Spanier und Mexikaner umarm-

Die heilige Maria von Guadalupe schenkt einem Eingeborenen, der durch einen verirrten Pfeil tödlich am Hals getroffen wurde, das Leben zurück. Vorn in der Mitte Juan Bernardino, Juan Diego und Cortés.

ten einander in echter Bekundung brüderlicher Liebe.

Die Kunde von diesem weiteren wunderbaren Beweis der Macht der Herrin verbreitete sich über das Land und bewirkte, dass die Feindschaft, welche die Beziehungen zwischen den beiden Rassen vergiftet hatte, nachliess, wenn es auch noch viele Jahre dauern sollte, bis sie endgültig überwunden war.

Ein altes mexikanisches Lied, *Teponazcuicatl,* das für den christlichen Glauben angepasst und bearbeitet wurde, hat die Erinnerung an diesen unvergesslichen Augenblick festgehalten.

Mit Entzücken habe ich gesehen
wie duftende Blumen
sich in Deiner Gegenwart auftaten, heilige Maria.
An den stillen Wassern habe ich
die heilige Maria singen hören:
Ich bin die kostbare Blume mit
verborgenen Knospen,
Ich wurde erschaffen von dem Einen
und Vollkommenen,
Ich bin die Erste unter
Seinen Geschöpfen.

O heilige Maria, Du lebst wieder in Deinem Bild,
und wir, die Herren dieses Landes
singen alle miteinander die Hymnen unseres Volkes.
In Harmonie tanzen wir vor Dir.
Und du, unser Bischof, unser Vater, du predigtest
dort drüben, wo der See ist.

In der Schönheit der Blumen hat Gott Dich
erschaffen,
heilige Maria,
Und er erschuf Dich neu in einem heiligen Bild
in diesem unserem Bistum.

Wunderbar ist Dein Bild gemalt,
Und in dem heiligen Gemälde ist Deine Seele
verborgen.
Alles ist vollkommen und vollendet in seiner
Gegenwart.
Dort will ich immer wohnen, wenn Gott es will.

Wer will meinem Beispiel folgen?
Wer will eilen und mit mir gehen?
O lasst uns sie auf den Knien umringen,
Lasst uns süsse Lieder singen
und Blumen in ihrer Gegenwart streuen.

Ich weine und bitte mit meiner Seele,
dass der ganze Grund für mein Lied bekannt werden
möge,
und dass der Wunsch meines Herzens sich erfülle
in dem Hause der Jungfrau.
Dann wird meine Seele in Frieden sein,
und wird Wohlgerüche kennen, grösser als der
Blumenduft,
und mein Lied wird aufsteigen, die schöne Blüte zu
preisen
die sie ewiglich schmückt.

Die Cocoa-Blume verströmt ihren Wohlgeruch,
die Pomoya-Blume duftet auf jedem Weg,
der zu dieser heiligen Stätte führt.
Dort will ich, der Sänger von Deiner Liebe, wohnen.
Höre, o höre meinen Freudengesang.[24]

Als die Feierlichkeiten dem Ende zugingen, übertrug
Bischof Zumárraga die Obhut für die neue Kapelle
Juan Diego. Es wurde ein Raum angebaut, in dem er
wohnen konnte. Nachdem er sein Eigentum in Tolpetlac seinem geliebten Onkel vermacht hatte, liess

Juan Diego sich auf dem Tepeyac nieder, um den Rest seines Lebens als Hüter des Heiligtums zu verbringen und um die Geschichte zu verbreiten und die Bedeutung der Erscheinungen zu erklären. Nach einer der frühesten Urkunden über die Geschichte von Guadalupe[25] verblieb auch der Mexikaner, der so wunderbar wieder lebendig geworden war, auf dem Tepeyac und hielt das kleine Gebäude sauber und ordentlich, nachdem Welle um Welle von Pilgern in stets wachsender Flut durch die engen Türen der Kapelle strömte.

Juan Diegos Apostolat

Wenn Juan Diego den Pilgern die Botschaft und Bedeutung der Marienerscheinungen erklärte, legte er grossen Nachdruck auf die Tatsache, dass die Mutter des wahren Gottes die Stätte des Tempels der heidnischen Mutter-Göttin Tonantzin, der von Cortés zerstört worden war, ausgewählt hatte zum Zeichen dafür, dass das Christentum die aztekische Religion verdrängt und abgelöst hatte. Diese erstaunliche Tatsache machte einen solchen Eindruck auf die Mexikaner, dass sie noch Jahre nach den Erscheinungen das heilige Bild «das Bild von Tonantzin» («Unserer Mutter») oder «das Bild von Teo-nantzin» («der Gottesmutter») nannten. An diesem aufrichtigen Ausdruck ihrer Verehrung störten sich gewisse Missionare, da sie fürchteten, dass sie dadurch unbewusst ins Heidentum zurückfallen könnten.

Juan Diegos neues Apostolat ist von der verstorbenen Helen Behrens anschaulich geschildert worden. «Als die kleine, etwa 5x5 Meter grosse Kapelle auf dem Tepeyacberg errichtet und das Bild dorthin gebracht worden war, übertrug Bischof Zumárraga Juan Diego die volle Verantwortung dafür. Dann ging er nach Spanien, wo er sich bis 1534 aufhielt. Er war jedoch sicher, dass er keinen würdigeren und geeigneteren Menschen als Juan Diego hätte finden können, um diesen grossen vom Himmel gesandten Schatz zu hüten. Juan Diego sprach die indianische Sprache und war Christ. Den Indios, die kamen, um das Bild zu sehen, erklärte er die Religion des weissen Mannes. Er erzählte ihnen die Geschichte der Erscheinungen und wiederholte immer und immer wieder, tausend und abertausendmal, die liebevollen Worte der allerseligsten Jungfrau, bis alle die Geschichte kannten. Wenn die Indios dann zu den Missionaren kamen, waren sie schon von Juan Diego bekehrt worden. Es gibt keine andere Erklärung für die erstaunliche Massenbekehrung der Azteken.»[26]

Nachdem er die Mexikaner in die Grundwahrheiten des Christentums eingeführt hatte, schickte Juan Diego sie zu den Missionaren, die das Werk der Bekehrung vollendeten. Wie durch göttliche Vorsehung gab es schon gute Kommunikationsmittel in dem riesigen Land. Da zwischen den Städten regelmässig schnelle Läufer als Boten verkehrten, war die Nachricht von den wunderbaren Ereignissen auf dem Tepeyac und von Juan Diegos Apostolat bald überall bekannt. Und da Mexiko ein Land war, in dem die Kunst blühte, wurden gemalte Kopien von dem heiligen Bild, zusammen mit der Geschichte der Erscheinungen, in der Sprache der Indianer geschrieben, von Küste zu Küste tausendfach in Umlauf gebracht, wodurch die Menschen gewissermassen einen lebendigen audio-visuellen Bericht über die ganze dramatische Geschichte erhielten.

Neun Millionen Azteken bekehren sich

Bis zum Jahre 1531 war das Sakrament der Taufe
meistens nur Sterbenden und Kindern – denn zahllose
Kriegswaisen wurden in kirchlichen Einrichtungen er-
zogen – gespendet worden. Die überwältigende Mehr-
heit der erwachsenen Azteken hatte sich den Bemühungen der Missionare widersetzt, da die Annahme
des Christentums die Aufgabe der Polygamie nach
sich gezogen hätte. Als jedoch die Verehrung Unserer
Lieben Frau von Guadalupe sich über das ganze Land
auszubreiten begann, tauchte in vielen Menschen jeden Alters und Standes die Sehnsucht nach einem
Sittenkodex auf, der sich an dem Beispiel der Mutter
des wahren Gottes ausrichtete, ihrer «reinen Mutter», die ihre Sinne und Herzen mit ihrer strahlenden
Reinheit, Tugend und Liebe erobert hatte.
So kam es, dass die wenigen Missionare in dem Land
bald immer mehr mit Predigen, Unterrichten und
Taufen überlastet waren. Das anfängliche Rinnsal
von Konversionen wurde bald zu einem Fluss, und
dieser Fluss zu einer Flut, die in der Geschichte des
Christentums wohl nicht ihresgleichen hat. Fünf Millionen Katholiken waren der Kirche durch die Reformation in Europa zu dieser Zeit verloren gegangen,
doch ihre Zahl wurde in wenigen Jahren durch über
neun Millionen bekehrte Azteken mehr als ersetzt.[27]
Ein namhafter mexikanischer Prediger des 19. Jahrhunderts, Dr. Ibarra de Chilapa, verlieh dieser Flut-
welle von Konversionen mit folgenden Worten anschaulichen Ausdruck:
«Es stimmt, dass unmittelbar nach der Eroberung
einige apostolische Männer, einige eifrige Missionare, milde, gütige Eroberer, die gewillt waren, kein
Blut als höchstens ihr eigenes zu vergiessen, sich mit
glühendem Eifer der Bekehrung der Indios widme-
ten. Doch diese tapferen Männer konnten wegen ih-

rer geringen Zahl, wegen der Schwierigkeit, mehrere Sprachen zu lernen, und wegen der riesigen Ausdehnung unseres Landes trotz ihrer heroischen Anstrengungen nur wenige und begrenzte Ergebnisse erzielen. Kaum aber war die allerseligste Jungfrau von Guadalupe erschienen und hatte von diesem ihrem Erbe Besitz ergriffen, als sich der katholische Glaube mit der Geschwindigkeit des Lichtes der aufgehenden Sonne über das riesige Land und über die Grenzen des alten mexikanischen Kaiserreichs verbreitete. Unzählige Massen aus jedem Stamm, jeder Region, jeder Rasse in diesem unermesslichen Land, die ungeheuer abergläubisch waren, von Instinkten der Grausamkeit beherrscht wurden, durch jede Form der Gewalt unterdrückt und zutiefst erniedrigt waren, gingen in sich bei der glaubhaften Verkündigung der bewunderungswürdigen und wunderbaren Erscheinung von Unserer Lieben Frau von Guadalupe. Sie erkannten ihre natürliche Würde, vergassen ihr Unglück, legten den Instinkt der Wildheit ab, und unfähig, einer so süssen und zarten Einladung zu widerstehen, kamen sie in Scharen, um ihre dankbaren Herzen zu Füssen dieser liebenden Mutter niederzulegen und ihre Tränen der Bewegung mit dem erneuernden Wasser der Taufe zu vermischen.

Es war Unsere Liebe Frau von Guadalupe, die mit der unwiderstehlichen Anziehungskraft ihrer Anmut und Güte und der schöpferischen Erfindungskraft ihrer barmherzigen Liebe die zahllosen Wunder der Bekehrung zum Glauben bewirkte. Daher kann sie mit mehr Recht noch als der Apostel Paulus in seinem Brief an die Korinther zu uns sprechen: «Obwohl ihr zehntausend Lehrer und Meister im Glauben an Jesus Christus hattet, habe ich allein, eure zärtliche Mutter, euch gezeugt und hervorgebracht.»[28]

Die Missionare konnten nur noch überwältigt sein von den endlosen Massen, die nach Unterricht und

Taufe verlangten. Mancher Priester musste das Sakrament der Taufe sechstausendmal an einem einzigen Tag spenden. Einer von ihnen, Pater Toribio, berichtete darüber: «Wenn ich es nicht mit eigenen Augen gesehen hätte, würde ich nicht wagen, es zu schildern. Ich kann bezeugen, dass in dem Kloster von Quecholac ein anderer Piester und ich selbst vierzehntausend und zweihundert Seelen in fünf Tagen tauften. Wir selbst bezeichneten sie alle mit Katechumenenöl und dem heiligen Chrisam – es war wahrhaftig keine kleine Arbeit.» [29]

Fast auf allen Reisen der Missionare kamen ganze Familien aus ihren staubigen Dörfern herbeigelaufen und flehten sie mit Zeichen an, zu kommen und ihnen das Wasser über den Kopf zu giessen. Andere baten auf den Knien, dass ihnen das Sakrament an Ort und Stelle gespendet werde. Als die Zahlen zu gross wurden, um sich einem jeden einzelnen zu widmen, stellten die Missionare Männer und Frauen in zwei getrennten Reihen hinter einem Kreuzträger auf. Der erste Priester, an dem sie vorbeizogen, spendete einem jedem kurz das Katechumenenöl. Mit brennenden Kerzen in der Hand und Hymnen singend zogen sie dann zu einem zweiten Priester, der neben dem Taufbrunnen stand. Während das Sakrament der Taufe gespendet wurde, zogen die Reihen langsam wieder zu dem ersten Priester zurück, der sie mit Chrisam salbte. Dann legten die Ehemänner und Ehefrauen die Hände ineinander, und während sie das Eheversprechen zusammen sprachen, empfingen sie das Sakrament der Ehe.

Mehrere glaubwürdige zeitgenössische Schriftsteller, darunter ein Pater Alegre, versichern, dass ein Missionar, ein flämischer Franziskaner namens Peter van Ghent, mit eigener Hand mehr als eine Million Mexikaner taufte. [30] «Wer sollte nicht den Geist Gottes erkennen, der so viele Millionen antreibt, sich in das Reich Christi aufnehmen zu lassen», schrieb P. Anticoli S.J. «Und wenn wir betrachten, dass kein anderes Wunder oder übernatürliches Ereignis geschah, um solche Massen anzuziehen, als nur die Erscheinungen der allerseligsten Jungfrau, dann können wir behaupten, dass es die Königin der Apostel war, die die Indianer zum Glauben rief.»[31]

Kirchen, Klöster, Hospitäler, Schulen und Werkstätten entsprangen im ganzen Land im Gefolge dieser phänomenalen missionarischen Eroberung. Im Jahre 1552 wurde die Universität von Mexiko – jetzt die grösste in der Welt – durch päpstlichen und königlichen Erlass gegründet und rangmässig der berühmten Universität von Salamanca in Spanien gleichgestellt. Neue Bischofssitze wurden gegründet, und es dauerte nicht lange, da sandte das katholische Mexiko eingeborene Missionare hinaus ins Ausland, vor allem nach Florida, Kalifornien und in das weit entfernte Japan, wo ihre glorreichen Martyrer, der heilige Philipp von Jesus und seine Gefährten, im Jahre 1597 für den Glauben starben.

Unterdessen betreute Juan Diego die kleine Klause auf dem Tepeyac und führte ein Leben grosser Abtötung und Demut. Das heilige Bild thronte über dem winzigen Altar, und Juan Diego wird lange Stunden in betender Betrachtung davor zugebracht haben. Der Bischof gab ihm die Genehmigung, dreimal in der Woche die heilige Kommunion zu empfangen – ein fast unerhörtes Privileg in jenen Tagen. «Sein Gesicht und seine Gestalt schienen eine neue Würde angenommen zu haben», schrieb Dr. C. Wahlig. «Seine Genügsamkeit und seine Disziplin offenbarten einen vergeistigten Asketen. Er wurde als Mann von grosser Zucht und Bildung verehrt, wie es einem solchen Mann gebührt, der ein so heiliges Leben führte.»[32]

Beim Informationsprozess im Jahre 1666 machte ein Zeuge, dessen Grosseltern wahrscheinlich Juan Diego gut gekannt hatten, folgende Aussage: «Sie sahen ihn beständig mit göttlichen Dingen beschäftigt. Er ging pünktlichst zu den Andachten und Gottesdiensten, in denen er häufig selbst mitwirkte. Die Indianer jener Zeit hielten ihn für einen heiligen Mann. Sie nannten ihn den *Pilger*, weil sie ihn immer allein gehen sahen… Die Eingeborenen besuchten ihn sehr häufig und baten ihn, für sie bei der allerseligsten Jungfrau Maria Fürsprache einzulegen…, denn alle hielten ihn für einen heiligen Mann, da *ihm* und niemandem sonst die Gottesmutter erschienen war. Zudem trafen sie ihn immer in tiefer Sammlung an, wobei er sich viele Bussübungen auferlegte.[33]

Plötzlich entsprang eine Quelle

Wie die Geschichtsschreiber errechnet haben, besuchte Bischof Zumárraga irgendwann zwischen 1544 und 1548 Juan Diego in der Klause und bat ihn, ihm die genaue Stelle zu zeigen, wo die vierte Erscheinung stattgefunden hatte. Der Seher führte den Bischof um den Hang des Tepeyac herum, und als er zögerte und sich zu erinnern versuchte, wo die Dame ihm den Weg abgeschnitten hatte, als er eilends einen Priester für seinen kranken Onkel holen wollte, entsprang plötzlich ganz in der Nähe aus dem Boden eine Quelle. Juan Diego erinnerte sich dann, dass es genau an dieser Stelle gewesen war, wo Maria mit ihm gesprochen und ihn gebeten hatte, auf den Hügel zu steigen und die Blumen für den Bischof zu pflücken.

Das Wasser dieser Quelle war und ist noch heute rein und wohlriechend, wenn auch nicht angenehm im Geschmack, da es etwas säuerlich ist. Die Pilger sa-

«Brünnlein»-Kirche, Guadalupe.

hen es gleich als ein neues Geschenk der allerseligsten Jungfrau Maria an, und Kranke gaben an, geheilt worden zu sein, nachdem sie es getrunken oder sich darin gewaschen hatten. Im Jahre 1582 berichtete ein englischer Reisender, Miles Phillips: «Es gibt hier kalte Bäder, wo das Wasser sprudelnd, als ob es koche, hervorspringt. Es hat einen etwas salzigen und brackigen Geschmack, doch ist es sehr gut für jene, die ihre Wunden oder schmerzenden Stellen darin waschen. Wie es heisst, sind viele Leute dadurch geheilt worden.»[34]

Dreihundert Jahre später schrieb ein französischer Rationalist namens Eugène Boban: «Die Quelle (von Guadalupe) befindet sich in der Mitte einer kleinen, in sehr interessantem maurischem Stil erbauten Kapelle. Eine Menge Leute, mit Gläsern und Flaschen jeder Grösse und Form bewaffnet, waren dort versammelt, um dieses Wunderwasser an seiner Quelle zu trinken und mitzunehmen, genauso wie in Lourdes. Sie meinen, dass es alle Krankheiten heile.»[35]

Eine interessante Ergänzung zu dem oben Gesagten bringt Bruder Bruno Bonnet-Eymard, der aktives Mitglied des Centro de Estudios Guadalupanos in Frankreich ist. Er berichtet über einen Besuch in Guadalupe im Dezember 1979 und schreibt: «Ich nahm etwas (Wasser) mit mir nach Hause. Bald nach meiner Rückkehr gab ich es einem jungen Mann zu trinken, dessen Fall hoffnungslos war. Heute ist er vollkommen gesund, ohne dass eine andere Behandlung stattgefunden hätte. Die Menschen in seiner Umgebung, die nichts davon wissen, sagen, dass seine Heilung unerklärlich ist. – Ich will nicht behaupten, dass seine Heilung ein Wunder ist; aber ich berichte, was ich selbst gesehen habe und selbst sehe, um, wie P. Beltran es ausdrückt, ‹das kindliche Vertrauen› zu zeigen, das man in den Schutz der heiligen Maria von Guadalupe setzen darf.»[36]

Doch zurück zu unserer Geschichte: Juan Diego setzte sein Apostolat in der Klause fort, während Mexiko die gütige Regierung der Zweiten Audienz unter der Führung von Bischof Sebastian Ramirez y Fuenleal erlebte. Die Ausbeutung der Mexikaner durch spanische Soldaten liess immer mehr nach, da die beiden Rassen durch Heirat untereinander religiös und sozial eins wurden. Auf die Regierungszeit des Bischofs folgte die weise Verwaltung durch Marques de Mendoza, den ersten Vizekönig, dem eine lange Reihe von Vizekönigen und Erzbischöfen folgte, die dem Land fast zweihundert Jahre lang politische und wirtschaftliche Stabilität und Frieden gewährten.

Im Jahre 1544 starb Juan Bernardino im hohen Alter von 84 Jahren, nachdem er, wie es heisst, die Gnade einer weiteren Erscheinung der Dame vom Tepeyac gehabt hatte. Auf Anordnung von Bischof Zumárraga wurde er unter der Klause zur Ruhe gebettet. Vier Jahre später folgte ihm Juan Diego, der am 30. Mai 1548 starb. Nach einer frommen Überlieferung erschien ihm noch einmal die Unbefleckte Herrin seiner Visionen, die ihn ihren «inniggeliebten Sohn» und ihr «geliebtes kleines Söhnchen» genannt hatte, um ihn auf seinem Sterbebett zu trösten. Aus Juan Diegos Zimmer in der Kapelle wurde später eine Taufkapelle, während das Haus seines Onkels in Tolpetlac in eine kleine Kapelle umgewandelt wurde. An der Mauer in der Taufkapelle wurde eine Erinnerungstafel angebracht mit dem Wortlaut:

An dieser Stelle erschien Unsere Liebe Frau von Guadalupe einem Indianer namens Juan Diego, der in dieser Kapelle beigesetzt ist.

Juan Diegos verehrungswürdiger Name lebt in den Herzen und Familien von Millionen von Mexikanern fort. P. George Lee C.S.Sp. schrieb: «Unter den armen, inbrünstig frommen Indianern ist die sittliche Ähnlichkeit mit ihm auffallend. Kindlich, würdig, mystisch, haben sie oft einen persönlichen Umgang mit dem Himmel, der sie über ihre armselige Umgebung hinaushebt. Sie sind gesegnet durch das Beispiel und — so meine ich — durch die Fürsprache von Juan Diego. Kein Wunder, dass mexikanische Eltern schon lange ihre besten Segenswünsche in die Worte kleiden: «Gott möge dich so machen wie Juan Diego.»[37]

Zu Anfang des Jahres 1548 war Bischof Zumárraga zum ersten Erzbischof der Neuen Welt ernannt worden. Im Mai desselben Jahres unternahm er eine lange und anstrengende Reise in die weit entlegene Stadt Tepetlaoztoc, wo er an die vierzehntausend Mexikaner taufte, firmte und traute. Schwerkrank kehrte er nach Mexiko-Stadt zurück. Als er von dem Hinscheiden von Juan Diego unterrichtet wurde, lag er selbst auf seinem Sterbebett. Er nahm die Nachricht in Ruhe und christlicher Ergebenheit auf. Er wusste, dass er sich keine Sorge wegen der Sicherheit des heiligen Bildes zu machen brauchte, wenn auch sein erster getreuer Hüter nicht mehr war. Sicher wird er sich vertrauensvoll an die allerseligste Jungfrau gewandt und sie gebeten haben, dass eines Tages ein der Königin des Himmels würdigeres Gotteshaus auf dem Tepeyac entstehen werde. Ein Diener brachte ihm die Nachricht, dass Cortés vor sechs Monaten in Sevilla mit einem Gebet zu Unserer Lieben Frau von Guadalupe in Mexiko auf den Lippen gestorben sei. Zumárraga starb genau drei Tage nachdem Juan Diego ihm in die Ewigkeit und in die Gegenwart Unserer Lieben Frau vom Tepeyac vorausgegangen war.

4. Kapitel

Die geschichtliche Grundlage von Guadalupe

Bevor wir uns anschicken, über die weitere Entwicklung des Kultes Unserer Lieben Frau von Guadalupe zu berichten, müssen wir der Frage nach der historischen Grundlage der Erscheinungen auf dem Tepeyac nachgehen. Vielleicht sieht dies zunächst überflüssig aus, da die Tatsache der Erscheinungen unanfechtbar scheint, besonders angesichts der unermesslichen und weitreichenden Konsequenzen, die sie nach sich zogen. Leider haben die meisten Originaldokumente über das grosse Ereignis von 1531 die Jahrhunderte nicht überdauert, und rationalistische Kritiker haben keine Mühe gespart und zu beweisen versucht, dass die Erscheinungen einfach ein Mythos wären und das wunderbare Bild nichts anderes als ein Gemälde sei; ferner, dass der Kult Unserer Lieben Frau von Guadalupe entweder Aberglaube oder das Ergebnis einer Mixtur aus heidnischem und christlichem Glauben sei.[38] Es ist bezeichnend für unsere gegenwärtige ungläubige Zeit, dass Ereignisse der Vergangenheit, die auf einen übernatürlichen Ursprung hinweisen (so wie die Wunder Christi und durch Heilige gewirkte Wunder), als blosse «Legenden» oder «fromme Märchen» hinwegerklärt werden sollen. Im Falle von Guadalupe haben ungläubige Intellektuelle die Tatsache, dass es nur eine geringe Anzahl von Originaldokumenten gibt, gründlich ausgeweidet. Auch andere Faktoren wie das Schweigen von Bischof Zumárraga über die Erscheinungen zogen sie herbei und auch die berüchtigte Predigt von P. Francisco de Bustamente aus dem Jahre 1556, der das heilige Bild als eine «indianische Malerei» ver-

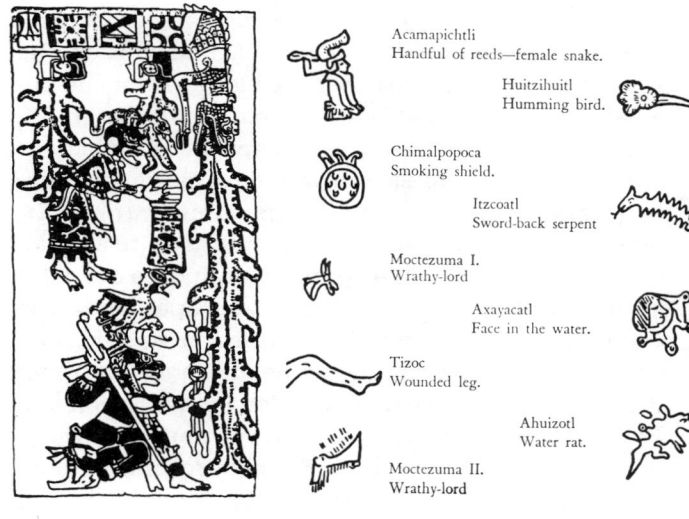

Acamapichtli
Handful of reeds—female snake.

Huitzihuitl
Humming bird.

Chimalpopoca
Smoking shield.

Itzcoatl
Sword-back serpent

Moctezuma I.
Wrathy-lord

Axayacatl
Face in the water.

Tizoc
Wounded leg.

Ahuizotl
Water rat.

Moctezuma II.
Wrathy-lord

Bilderschrift der Azteken:

Linke Kolonne: 1. *Acamapichtli: Eine Handvoll Schilfgras –*
weibliche Schlange.
2. *Chimalpopoca: Rauchender Schild.*
3. *Montezuma I.: Zorniger Herrscher.*
4. *Tizoc – Verwundetes Bein.*
5. *Montezuma II.: Zorniger Herrscher.*
Rechte Kolonne: 1. *Huitzihuitl: Kolibri.*
2. *Itzcoatl: Schlange mit Schwertrücken.*
3. *Axayacatl: Gesicht im Wasser.*
4. *Ahuizotl: Wasserratte.*

schrie. Daher ist der Nachweis wichtig, dass die Erscheinungen, das himmlische Porträt selbst und der Kult Unserer Lieben Frau von Guadalupe auf zuverlässigen tatsächlichen historischen Begebenheiten beruhen, und zwar unabhängig von der Tatsache, dass der übernatürliche Ursprung des heiligen Bildes durch die neuesten Forschungen der modernen Wissenschaft unterstrichen worden ist.

Die spärlichen Originaldokumente im Zusammenhang mit Guadalupe lassen sich vielleicht durch die Tatsache erklären, dass zu jener Zeit akute Papierknappheit in Mexiko herrschte, wofür es gute weitere Beispiele gibt, wie wir später sehen werden. Die Hauptsache dafür wird aber die blosse Tatsache gewesen sein, dass die Existenz des wunderbaren Bildes in dem Heiligtum auf dem Tepeyac so selbstverständlich für die Mexikaner war, dass es wahrscheinlich einer Rasse, die so wenig gewohnt war, die Ereignisse schriftlich und dokumentarisch festzuhalten, so genügte. Fast die ganze Geschichte der aztekischen Nation vor der Ankunft der Spanier wurde erst von den Chronisten der Eroberer aus mündlichen Überlieferungen zusammengetragen und niedergeschrieben und auch aus der Transkription von Handschriften der Ureinwohner, von denen Jahrhunderte nach der Ankunft der Spanier Boturini, Gama, Pichardo und andere Abschriften machten, wobei die Originale jedoch verloren gegangen sind.

Mündliche Überlieferung und Dokumente

Während man nicht mit Sicherheit sagen kann, wie weit diese Zwangslage für die geringe Zahl zeitgenössischer Berichte über Guadalupe verantwortlich war, braucht kaum darauf hingewiesen zu werden, dass schriftliche Zeugnisse über vergangene Ereignisse nicht notwendigerweise der einzige Faktor für eine gültige Erklärung sind. Auch der Wert der mündlichen Überlieferung muss in Betracht gezogen werden. Sie wird von Generation zu Generation von Menschen weitergegeben, die es für wert halten, Vergangenes in Erinnerung zu bewahren. «Tatsächlich ist Tradition (Überlieferung) aller überlieferten Wahrheiten (traditum) in ihrem besten kirchlichen Sinn und aller zu überliefernden (tradendum) Wahrheiten die einzige vollständige Geschichte», bemerkte P. George Lee.[39]

Im Falle von Guadalupe hat der überlieferte Glaube an die Erscheinungen und an das wunderbare Bild die Herzen zahlloser Millionen von Mexikanern seit der Mitte des sechzehnten Jahrhunderts bis hin in unsere gegenwärtigen Tage zutiefst erfüllt. Wie wir im folgenden sehen werden, gibt es genügend Beweise für diese lebendige Tradition durch unanfechtbare Urkunden, wenn deren Zahl auch gering ist.

Wir haben weiter vorn Bezug genommen auf die mexikanischen Codices und Bildergeschichten, welche über die Erscheinungen berichten und von gemalten Kopien des heiligen Bildes begleitet wurden, die im ganzen Land in Umlauf waren. Diese Berichte, in Form von lebendigen Bildern vor Augen geführt, wurden auswendig gelernt und von Sängern öffentlich vor ganzen Dörfern vorgetragen. Mit der fortschreitenden Schulbildung wurde die Geschichte unter Verwendung von lateinischen Buchstaben in die mexikanische Nahuatl-Sprache übertragen. Das früheste noch existierende Exemplar dieser Schilderung wurde im Jahre 1649 in den Archiven des Heiligtums von Guadalupe gefunden. Obwohl zu der Zeit ein ganzes Jahrhundert seit dem grossen Ereignis von 1531 verflossen war, erkannten die Gelehrten bald, dass es nach Stil und Sprache aus der unmittelbar auf die Erscheinungen folgenden Zeit stammt. Der Verfasser soll ein aztekischer Adeliger gewesen sein, Don Valeriano, der später einen umfassenderen Bericht über die Geschichte schreiben sollte: den berühmten *Nican Mopohua,* worauf wir später noch näher zu sprechen kommen.

Mehrere andere schriftliche Erwähnungen der Erscheinungen haben die Jahrhunderte überdauert. Einige kommen in Schriftstücken nebenbei vor, doch andere erfolgen ganz ausdrücklich. Zum Beispiel befindet sich im Testament eines Verwandten von Juan Diego diese Stelle: «Durch dieses Werkzeug (Juan

Diego) sollte sich das Wunder ereignen, dort auf dem Tepeyac, wo die geliebte Herrin, die heilige Maria, deren liebenswertes Bild wir in Guadalupe sehen, erschienen ist.»[40]

Auch andere Testamente aus dem 16. Jahrhundert, die noch erhalten sind, erwähnen das Heiligtum auf dem Tepeyac. So schrieb Bartholomeo Lopez de Colima am 15. November 1537: «Ich will, dass im Hause Unserer Lieben Frau von Guadalupe hundert Messen für meine Seelenruhe gelesen werden. Die Kosten dafür sollen von meinem Vermögen beglichen werden.»[41] Es gibt noch weitere Belege und Zeugnisse, die den weitverbreiteten Kult der Jungfrau von Guadalupe bestätigen und die aus der Zeit vor 1556 stammen.[42]

Von grösster Bedeutung ist ein unbestreitbar echtes Dokument, das kürzlich in den mexikanischen Archiven der Bibliothèque Nationale in Paris, 6000 Meilen von Guadalupe entfernt, aufgefunden wurde. Es ist das Testament von Don Francisco Verdugo Quetzalmamalitzan, Häuptling von Teotihuacan, welches das Datum vom 2. April 1563 trägt. «Als erstes bestimme ich, dass, wenn Gott mich aus diesem Leben heimholt, unverzüglich Unserer Lieben Frau von Guadalupe vier Pesos Almosen für den Priester gegeben werden sollen, der in der Kirche wohnt, um für mich Messen zu lesen.»[43] Das Bemerkenswerte an diesem Testament ist, dass es ein Ereignis aus dem *Nican Motecpana* berichtet, ein Dokument, das späteren Datums als der *Nican Mopohua* ist und das über Wunder berichtet, die dem heiligen Bild zugeschrieben werden –, nämlich, wie Teotihuacan auf die Fürbitte Unserer Lieben Frau von Guadalupe nach einem lokalen Aufstand schweren Repressalien entging. Das Datum dieser von dem Verfasser des Testaments berichteten Episode weicht nur um einen Monat von dem im *Nican Motecpana* genannten

Datum ab. Wie Bruder Bruno Bonnet-Eymard sagt, ist dieser Irrtum jedoch eine Garantie für die Unabhängigkeit der beiden Dokumente, wobei das eine die Echtheit des anderen bestätigt.[44]

Im Jahre 1790 gelang es Dr. Bartolache, dem Verfasser eines berühmten Buches über Guadalupe, eine Eintragung in den Annalen von Tlaxcala in der Bibliothek der Universität von Mexiko zu entziffern. Sie lautete: «Jahr 1531: Dem Juan Diego erschien die geliebte Jungfrau von Guadalupe in Mexiko auf dem Tepeyac.» «Jahr 1548: Juan Diego gestorben, dem die geliebte Herrin von Guadalupe in Mexiko erschien.»

In derselben Universität befand sich auch ein sehr frühes Manuskript, das die Geschichte der Erscheinungen erzählte, wovon ein Dr. Uribe im Jahre 1777 — also zu einer Zeit, als seine Geschichte von allen nachgeprüft werden konnte — öffentlich erklärte: «Die Geschichte über dieses Wunder in mexikanischer Sprache befindet sich heute in den Archiven der Königlichen Universität. Obwohl das Alter des Manuskripts nicht genau bekannt ist, kann man erkennen, dass es aus zeitlicher Nähe der Erscheinungen stammt. Dies geht sowohl aus der Form der Buchstaben hervor wie aus dem Papier aus Agave, wie die Indianer es vor der Eroberung benutzten.»[45]

Der Jesuit P. Francisco Florencia schrieb 1686 in seinem Bericht: «Vor der grossen Überschwemmung der Stadt (1629—1634) versammelten sich die Mexikaner gewöhnlich in grossen Mengen in Festkleidern und reichem Federschmuck an dem Tage, an dem sie das Fest der berühmten Erscheinungen am Heiligtum von Guadalupe feierten. Danach bildeten sie einen Kreis, der den ganzen weiten Raum vor der Kirche einnahm. Sie führten Tänze auf nach einer Musik, die nach altem Brauch von zwei bejahrten Männern auf einem Instrument hervorgebracht wurde, das *teponaztli* hiess. Dazu sangen die Musikanten in einem ihrer Sprache eigenen Versmass Lieder über die Erscheinungen der allerseligsten Jungfrau vor Juan Diego, über die Botschaften, die er dem Bischof P. Juan de Zumárraga von der hohen Herrin überbrachte und über die Überreichung der Blumen, als die Muttergottes sie ihm gab, und über das Erscheinen des heiligen Bildes auf seiner Tilma, als er die Blumen in Gegenwart des Bischofs vorzeigte. Dazu sangen sie von den Wundern, die das heilige Bild am Tage, da es in der ersten Kapelle aufgestellt wurde, bewirkt hatte, wie auch über den Lob- und Jubelgesang, womit das Ereignis von den Eingeborenen gefeiert wurde.»[46] P. Florencia hat dieses ungewöhnliche Schauspiel als Kind vielleicht selbst miterlebt oder sonstwie darüber von seinen Eltern gehört.

Der Nican Mopohua – Das «Evangelium Mexikos»

Ein vollständiger Bericht über die Geschichte von Guadalupe wurde offenbar geschrieben und als echt akzeptiert, doch hat das Original leider die Zeiten nicht überdauert. Die Geschichte wurde irgendwann zwischen 1548 und 1554 von dem schon zuvor erwähnten aztekischen Adeligen geschrieben, der bei seiner Taufe den Namen Antonio Valeriano angenommen hatte. Als namhafter Intellektueller schrieb er diesen Bericht in der indianischen Nahuatl-Sprache. Der Bericht ist allgemein bekannt als der *Nican Mopohua,* nach den ersten zwei Worten des Titels «Hierin wird berichtet». Der ganze Titel lautet: «Hierin wird in ordentlicher Reihenfolge über die Art und Weise berichtet, in welcher die allzeit jungfräuliche Mutter Gottes kürzlich auf wunderbare Weise auf dem Tepeyac erschien, der Guadalupe genannt wird.» Laut dem Historiker Padre Mariano Cuevas wurde Don Valeriano im Jahre 1520 in Azcapotzalco geboren. Er war ein Neffe des Kaisers Montezuma. Im Alter von dreizehn Jahren trat er in das Heilig-Kreuz-Kolleg in Tlatilolco ein, das erst kürzlich von Bischof Zumárraga gegründet worden war. Ein glänzender Schüler, war er der erste, der ein Studium in Latein und Griechisch absolviert hatte. Er wurde schliesslich Professor der Philosophie und Dekan des Kollegs und war etwa zwanzig Jahre in diesem Amt. Mehr als fünfundzwanzig Jahre wirkte er auch als Richter und dann als Gouverneur von Mexiko-Stadt und entfaltete aussergewöhnliche Talente in der Verwaltung. Da er ein naher Freund von Juan Diego und dessen Onkel war, konnte er aus erster Hand die Geschichte für die Nachwelt berichten.[47]

Don Valeriano starb im Jahre 1605, ohne Erben zu hinterlassen. Er vermachte alle seine Schriften einem entfernten Cousin, Don Fernando de Alba Ixtilcochitl, der sie seinerseits seinem Sohn Don Juan hinterliess. Als der letztere im Jahre 1682 starb, erhielt ein Stiftsherr der erzbischöflichen Kathedrale in Mexiko-Stadt, Don Carlos de Siguenza y Gongóra, alle Bücher und Dokumente. Nach dessen Tod im Jahre 1700 wurden dem Jesuiten-Kolleg St. Peter und Paul gemäss Don Antonio Pompa y Pompa, Direktor des Nationalmuseums von Guadalupe, alle Bücher und Schriften hinterlassen. Als die Jesuiten im Jahre 1767 des Landes verwiesen wurden, übergaben sie die Bibliothek der Universität von Mexiko. Leider verschwanden die Dokumente während der Besetzung der Stadt durch amerikanische Truppen im Mexikanischen Krieg von 1847.

Nach intensiver Suche wurden Kopien in Mexiko und in der Bibliothek der Hispanischen Gesellschaft von Amerika in New York aufgefunden, zusammen mit Kopien des schon genannten *Nican Motecpana*. Von dem *Nican Motecpana* wissen wir nur, dass er, wie man annimmt, das Werk des frommen Intellektuellen

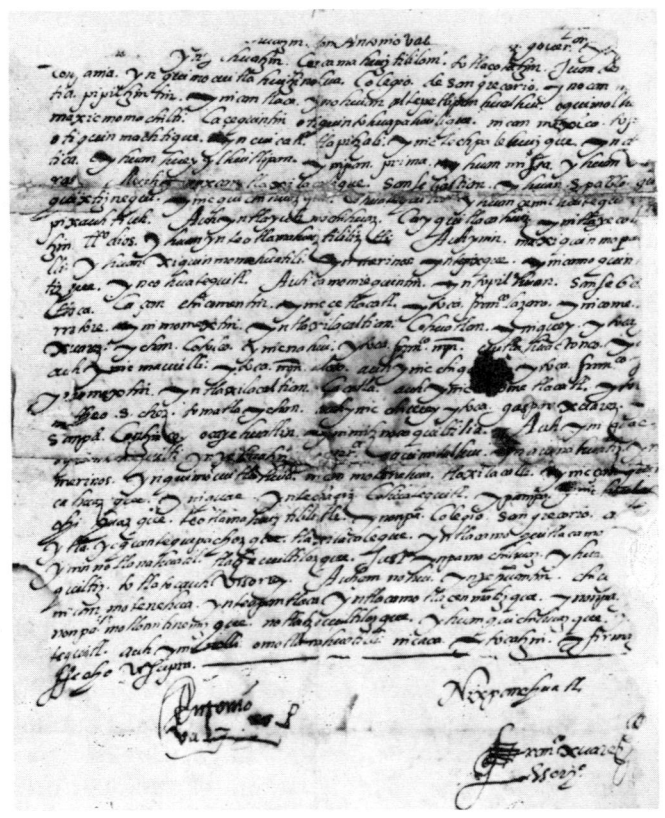

Kopie des Originals eines amtlichen Dokuments mit der Handschrift Valerianos vom 11. Januar 1573, das sich in der Nationalbibliothek in Mexiko befindet.

Fernando de Alba war, dem entfernten Cousin von Don Valeriano.

Im Jahre 1568 schrieb der Soldat und Historiker Bernal Diaz, ein ehemaliger Gefährte von Cortés bei dem Feldzug in Mexiko: «Schau das Heilige Haus Unserer Lieben Frau von Guadalupe... und sieh die Wunder, die es (das Bild) gewirkt hat und noch täglich wirkt.»[48] Einundzwanzig Jahre später brachte Suarez de Paralta in seinen «Skizzen aus Neu-Spanien» eine Notiz über den Besuch des Vizekönigs in dem Heiligtum. «Er kam zu Unserer Lieben Frau von Guadalupe, sechs Meilen von Mexiko-Stadt entfernt, einem hochverehrten Bild. Es hat viele Wunder gewirkt. Das ganze Land eilte herbei, als der Vizekönig dem Bild seine Verehrung erwies.»

Mitte des siebzehnten Jahrhunderts konzentrierte sich das Interesse auf die juridischen Akten, die die Visionen und die Kapelle auf dem Tepeyac betrafen. Im Jahre 1640 erhielt P. Miguel Sanchez, ein namhafter Autor und Theologe, von der Dokumentations-Abteilung in Mexiko-Stadt die Versicherung, dass sie einmal im Besitze dieser Aktenstücke gewesen sei. Kurz danach, während des Apostolischen Prozesses über Guadalupe im Jahre 1666, bezeugte Sanchez, dass er Dr. de la Torre, den Dekan der Kathedrale, und den Erzbischof von Mexiko-Stadt, Garcia de Mendoza, gesehen hatte, als sie «mit grosser Bewegung die Akten und den Verlauf der genannten Erscheinungen lasen». Sein Zeugnis wurde später durch das Breve Benedikts XIV. bekräftigt, das im Jahre 1754 nach einer gründlichen Untersuchung eines jeden Aspektes der Geschichte von Guadalupe geschrieben wurde. In Bestätigung dessen, dass die juridischen Akten verloren gegangen waren, fügte der Papst hinzu: «Es ist sicher, dass sie einmal existiert haben.»

Aus all diesem geht hervor, dass trotz der geringen Zahl an Originaldokumenten der Glaube an die Erscheinungen Unserer Lieben Frau auf dem Tepeyac auf sicheren historischen Grundlagen beruht. Hinzu kommt eine lebendige Überlieferung über das grosse Ereignis, die das mexikanische Volk im Herzen trägt.

Kardinal Lorenzana drückte es in einer Predigt in Guadalupe im Jahre 1770 so aus: «Wir bedauern, dass die Echtheitsdokumente über das Wunder verloren gegangen sind – doch sie mangeln uns nicht, sind sie doch in den Herzen der Spanier und Eingeborenen eingeschrieben. Als das Ereignis sich zutrug, war kein Sekretär, kein Notar, kein Archivar dabei. An deren Stelle gibt es als genügenden Ersatz jedoch die Überlieferung, die sich in Werken, Bilderschriften und Abbildungen der Mexikaner verewigt hat.»

Der Bischof fördert den Kult

Bevor wir diese Aufzählung historischer Zeugnisse beschliessen, ist eine Erklärung über das Schweigen von Bischof Zumárraga erforderlich. Auf den ersten Blick erscheint dieses Schweigen unerklärlich, da der Kirchenfürst im Mittelpunkt des erhabenen Dramas stand. Der einzige Brief, den er im Hinblick auf die Erscheinungen geschrieben haben soll – zumindest der einzige, der uns bekannt ist –, war an das Kloster Calahorra in Vitoria in Spanien gerichtet. Obwohl dieser Brief verschollen ist, bestätigte ein franziskanischer Kommissar, P. Pedro de Mezquía, in der zweiten Hälfte des achtzehnten Jahrhunderts, dass er einen Brief des Erzbischofs an die Ordensleute in jenem Kloster gesehen hat, in dem er über die Visionen Unserer Lieben Frau von Guadalupe berichtete, als sie sich und wie sie sich zugetragen haben. Es ist bezeichnend, dass keiner seiner franziskanischen Zeitgenossen die Existenz dieses Briefes bestritt.[49]
Obwohl bis heute niemals etwas weiteres aus der Feder von Bischof Zumárraga hinsichtlich Guadalupe gefunden wurde, besagt dies nicht, dass keine Schriftstücke von ihm mehr zutage kommen werden, da unbekannte oder lange verschollene Dokumente,

die zum Mexiko des sechzehnten Jahrhunderts gehören, immer noch gelegentlich in den Archiven zahlreicher Länder ans Licht kommen.

Wir haben schon auf den chronischen Papiermangel in Mexiko während des Episkopates von Bischof Zumárraga hingewiesen. Tatsächlich ging aus dem Breve von Benedikt XIV. im Jahre 1754 hervor, dass nicht einmal in Mexiko selbst eine Handschrift oder Unterschrift die Zeiten überdauert hat. In einem Brief an Kaiser Karl V. im Jahre 1538 klagte der Bischof: «Wenig Fortschritt kann gemacht werden mit unserem Drucken durch den Papiermangel. Dies ist ein Nachteil, der die Veröffentlichung vieler Werke, die wir vorbereitet haben, und auch von solchen, die noch gedruckt werden sollten, verhindert.»[50]

Der Kult wird bekämpft

Es gab jedoch noch einen zwingenderen Grund für das fast völlige Schweigen des Bischofs über Guadalupe – ein Schweigen übrigens ähnlich jenem, welches das heilige Grabtuch von Turin im vierzehnten Jahrhundert umgab. Wir haben gesehen, dass zu der Zeit der Erscheinungen die Azteken unmittelbar vor einem Generalaufstand gegen die spanische Gewaltherrschaft standen. Zumárraga, als Haupt der jungen mexikanischen Kirche und offizieller Protektor der Eingeborenen, sah sich zwischen zwei Feuern gefangen. Auf der einen Seite Martyrium durch die rachedurstigen Azteken, auf der anderen Seite die wachsende Verfolgung durch die tyrannische Zivilverwaltung, der er unterstellt war. Die habgierigen Eroberer zögerten nicht, seine Priester von ihren Kanzeln herunterzuzerren und ihnen mit physischer Gewalt zu drohen, wenn sie es wagten, die Menschenrechte der wehrlosen Eingeborenen zu verteidigen. Nachdem der Despot Guzman von Kaiser Karl V. abgesetzt worden war, hielten die Wogen der Leidenschaft noch einige Zeit an und nahmen nur nach und nach unter dem Einfluss der Vision auf dem Tepeyac ab. So war also Zumárraga gezwungen, behutsam vorzugehen. Er errichtete eine Kapelle an der Stelle der Erscheinungen und förderte in aller Stille den Kult. Doch öffentlich die Tatsache zu verkünden, dass der Himmel einen armen Mexikaner so bevorzugt hatte, hätte von den Behörden als ein Akt absichtlicher politischer Provokation ausgelegt werden können. So liess der Bischof durch eine Reihe von Jahren äusserste Vorsicht walten. Um seine Probleme noch komplizierter zu machen, sah er sich bald einer neuen Schwierigkeit aus einer ganz anderen Richtung gegenüber, die sich anstelle der jetzt nachlassenden Verfolgung erhob.

Eine Anzahl der Missionare im Lande war früher von Luthers irreführenden Predigten gegen die sogenannte «Bilderanbetung» angesteckt worden. Sie hatten sich selbst überzeugt, dass die leidenschaftliche Verehrung der Eingeborenen für das heilige Bild auf dem Tepeyac eine gefährliche Neigung in dieser Richtung aufwies. Es machte ihnen auch Sorge, dass riesige Scharen von Mexikanern einzig als Ergebnis dessen, dass sie dieses heilige Bild gesehen hatten, getauft worden waren und nicht nach gründlicher Unterweisung und Vorbereitung über eine christliche Lebensführung.

Diese Befürchtungen verstärkten sich noch durch die beunruhigende Entdeckung, dass einige der neugetauften Christen noch immer an Überresten ihrer heidnischen Tradition festhielten, indem sie Götzenbilder unter ihren Kruzifixen verbargen und sie heimlich anbeteten. «Die Missionare hörten, dass am Fuss des Kreuzes oder unter den Steinstufen Götzenbilder versteckt wurden», schrieb P. Chauvet, «damit es so aussah, als ob sie das Kreuz verehrten, während sie den Dämon anbeteten. Aufgrund dieser Tatsachen ...verlangten sie (die Missionare), dass keine Verehrung irgendeines Bildes oder bestimmten Heiligtums ermutigt oder gefördert werden solle.»[51]

Diese bilderstürmerische und offensichtlich häretische pastorale Haltung war die Ursache für viele Reibereien in der jungen mexikanischen Kirche. Wenn diese Missionare mehr im Gebet über die verhältnismässig wenigen Bekehrten vor den Erscheinungen nachgedacht hätten, verglichen mit der unermesslichen Anzahl derer, die zur Taufe strömten, weil sie das heilige Bild gesehen hatten, dann würden sie darin wohl den Beweis für ein direktes Eingreifen Gottes erkannt und es folglich als ihre Pflicht angesehen haben, ihre Energien auf einen systematischen katechetischen Feldzug zu richten mit dem Ziel, die letzten Spuren des Heidentums auszurotten.

Doch die Missionare waren eine Macht, mit der gerechnet werden musste, und man kann Bischof Zumárraga und seinen Entschluss verstehen, in diesem Dilemma nicht zu offen für die Sache des heiligen Bil-

*Die Azteken beten
ihre Götzen an.*

des einzutreten. Seine Vorsicht war vielleicht im Hinblick auf spätere Ereignisse gerechtfertigt.

«Selig die Augen, die sehen, was ihr seht»

Im Jahre 1556 hielt der neue Erzbischof, Don Alonso de Montufar, der Heiligenbildern gegenüber nicht so zurückhaltend war, in seiner Kathedrale eine Predigt zu Ehren der Gottesmutter und ihrem auf wunderbare Weise entstandenen Bild, wobei er von den Worten ausging: «Selig die Augen, die sehen, was ihr seht» (Mt 13,16). Er erinnerte die Zuhörer daran, dass bei der ersten Sitzung des Lateran-Konzils «zwei Dinge unter Androhung der Strafe der Exkommunikation, die dem höchsten Pontifex vorbehalten blieb, bestimmt wurden. Erstens: Niemand darf einen Prälaten bzw. Kirchenfürsten verleumden und beleidigen; zweitens: Niemand darf über falsche oder unsichere Wunder predigen.» Mit anderen Worten: es war eine Herausforderung des Erzbischofs an jene, die etwa Kritik an ihm übten, weil er sich für den Kult Unserer Lieben Frau von Guadalupe einsetzte.
Zwei Tage danach begab sich Montufar zu der Klause und sagte den neugetauften Eingeborenen, die dort beteten, «wie sie die Verehrung des heiligen Bildes Unserer Lieben Frau verstehen müssten: sie verehrten nicht das Bild, sondern Unsere Liebe Frau selbst, die das Bild darstelle». Die Antwort seiner Gegner erfolgte unverzüglich und war vernichtend. Zu einer späteren Stunde des gleichen Tages predigte nämlich der Provinzial der Franziskaner, P. Francisco de Bustamente, vor einer vollen Kirche beim Hochamt in der Kathedrale von Mexiko-Stadt. Er war sich bewusst, dass sich unter seinen Zuhörern der Vizekönig des Landes mit seinem Magistrat befand. Er prangerte den Kult des heiligen Bildes öffentlich und

heftig an, weil er für die Eingeborenen schädlich sei, da es dem Glauben Nahrung gebe, dass das heilige Bild, welches von einem Indianer gemalt worden sei, Wunder wirke und somit eine Gottheit sei, während die Missionare sich alle Mühe gegeben hatten, den Eingeborenen klar zu machen, dass Bilder nur Gegenstände aus Holz und Stein sind und dass man sie nicht verehren darf...»

Die Worte des Provinzials waren ein grosser Skandal. Gleich am nächsten Tag strengte der entrüstete Erzbischof eine gerichtliche Untersuchung über den unglückseligen Zwischenfall an, wobei fast alle Zeugen auf seiner Seite standen, gegen Bustamente und seinen grosssprecherischen Anhang. Während der nächsten Wochen spitzten sich die Zwistigkeiten zwischen den beiden Parteien so heftig zu, dass der Vizekönig sich zum Einschreiten gezwungen sah und Mässigung empfehlen musste. Da Montufar nur ungern ein kanonisches Verfahren gegen Bustamente anstrengen wollte, entzog er den Franziskanern die Kustodie über die Eremitage auf dem Tepeyac, das wohl einzig Wirksame, das er unter diesen kritischen Umständen tun konnte.

Obwohl diese bedauerliche Angelegenheit zu einer wenn nicht gar noch grösseren Verehrung des heiligen Bildes führte, war es ein Beweis dafür, dass Zumárragas frühere vorsichtige Zurückhaltung von Klugheit diktiert war. Das Resultat war, dass sich ein Mantel offiziellen Schweigens über Guadalupe breitete, das, wie man annimmt, von Karl V. in Spanien auferlegt wurde. Dies allein dürfte wohl schon genügend Ursache dafür sein, dass so wenige Originaldokumente über Guadalupe auf uns überkommen sind.

Vergleich mit dem Grabtuch von Turin

Es ist wohl mehr als ein Zufall, dass auch das heilige Grabtuch von Turin ein ähnliches Schicksal erlebte, als der Bischof Pierre d'Arcis jene, die die Reliquie für echt hielten, denunzierte, «dass das genannte Tuch mit Schlauheit gemalt worden» sei. Papst Clemens VII. sah sich im Jahre 1389 zum Einschreiten genötigt und er auferlegte dem Bischof in dem Streitfall Schweigen, während er genehmigte, dass die Verehrung des Grabtuches unter der Bedingung fortgesetzt werden dürfe, dass es als eine «Darstellung des Begräbnistuches Christi» betrachtet würde. Daher kommt es, dass sich lange Jahrhunderte ein Schleier des Geheimnisses über die Echtheit des Grabtuches breitete, bis es in unserer Zeit den Wissenschaftlern gelang, seine unbezweifelbare Echtheit zu beweisen.[51a]

Der Zwischenfall mit Bustamente ist aber in einer Hinsicht von Bedeutung: die nachweisliche Tatsache dieser Predigt ist eine Bestätigung dafür, dass das heilige Bild von Guadalupe zu der Zeit schon Gegenstand einer weit verbreiteten Verehrung war und somit schon vor dem Jahre 1556 als auf wunderbare Weise entstanden betrachtet wurde.

5. Kapitel

Die Entwicklung des Kultes

Im Laufe der nächsten hundert Jahre erfuhr die kleine Kapelle auf dem Tepeyac, die als die Zumárraga-Eremitage[52] bekannt ist, mehrere bauliche Veränderungen und Renovierungen, doch das empfindliche Gewebe des heiligen Bildes hing weiterhin ungeschützt an einer feuchten Steinmauer nahe beim Altar, wo es von buchstäblich Millionen von frommen Pilgern berührt und geküsst wurde, ohne dass es den geringsten Schaden erlitt. Die Massen, die sich in die winzige Kapelle drängten, schienen mit jedem Jahr grösser zu werden. Ihr Glaube und ihre inbrünstige Verehrung wurden durch zahllose Wunder belohnt.

Der Einweihung einer grösseren Kapelle im Jahre 1600 (die heutige Sakristei der Pfarrkirche) wohnten der Vizekönig, das erzbischöfliche Kapitel und andere zivile und kirchliche Würdenträger bei in Anwesenheit der grössten Menschenmenge, die je auf dem Tepeyac gesehen worden war. Name und Ruf des Heiligtums war Tausende von Meilen über die Welt gedrungen. Guadalupe wurde nun als die heimliche Hauptstadt Mexikos verehrt, als das Coenaculum, der Abendmahlssaal der Neuen Welt.

Im Jahre 1622 wurde die Kapelle erneut erweitert und zu einer recht umfangreichen Kirche ausgebaut, und das Gnadenbild musste wiederum umziehen. Es befand sich immer noch in vollkommen erhaltenem Zustand, trotz der Tatsache, dass die empfindliche Maguey-Faser, woraus die Tilma Juan Diegos gemacht war, eine normale Lebensdauer von nicht mehr als zwanzig Jahren hat. Wie der Historiker P. Francisco de Florencia S.J. berichtet, war das neue Gebäude von angemessener Grösse und von schöner Architektur. «Es hatte zwei Türen, wovon eine Seitentür nach Osten zu einem geräumigen Friedhof führte, dessen zinnengeschmückte Mauern den Blick über die Plaza freigaben. Ein grosses Steinkreuz ragte auf dem Friedhof empor. Die andere Tür ging nach Süden, fast direkt nach Mexiko-Stadt hinein. Ihr grosses Portal und zwei Türme verliehen dem Bau Grossartigkeit. In der Hauptkapelle, die die Form einer goldenen Ananas hatte, hingen über siebzig silberne Lampen in verschiedener Grösse herab.»

Die Beschreibung fährt fort: «Der Hochaltar im Norden, ein dreiteiliger Aufbau, ist eine schöne Schnitzarbeit, ein über und über vergoldetes Hochrelief. In seiner Mitte ist ein Schrein aus solidem Silber..., mehr noch wegen seiner Schönheit als wegen seines Silberwertes kostbar. In diesem Schrein ist das heilige Bild eingeschlossen; Schloss und Riegel sichern es. Eine Tür aus zwei Kristallscheiben bedeckt das Bild von oben bis unten. An den Seiten befinden sich zwei kostbare Schleier oder Vorhänge, die die allerseligste Jungfrau vor den Blicken verbergen, wenn keine heilige Messe am Hochaltar gefeiert wird und wenn keine verantwortlichen Personen anwesend sind oder keine Gebetswache gehalten wird. Wenn dies jedoch der Fall ist, stehen viele Kerzenlichter auf dem Altar, um ihr grössere Verehrung zu erweisen und um noch mehr zu ihrer Zierde beizutragen.»[53]

Die Beschützerin Mexikos

Von den vielen Berichten über Wunder, die dem heiligen Bild während jener frühen Jahre zugeschrieben werden, soll hier nur über die herausragendsten berichtet werden: Im Jahre 1545 hörte eine Typhus-Epidemie, die im ganzen Land Tausende von Menschenleben gefordert hatte, fast unverzüglich auf, als eine grosse Kinderwallfahrt vor dem himmlischen

Bild um Befreiung von der Seuche gebetet hatte. – Im Jahre 1629 gab es eine verheerende Überschwemmung in der Stadt Mexiko, wobei dreissigtausend Einwohner ertranken. Eine fromme Laienschwester, Schwester Petronella, gab an, in einer Vision Unsere Liebe Frau von Guadalupe gesehen zu haben, wie sie die bedrohte Stadtmauer stützte. Als sie die allerseligste Jungfrau fragte, warum sie nicht bei ihrem Sohn Fürsprache eingelegt habe, um das Unheil abzuwenden, sei ihr gesagt worden, dass die zahllosen Sünden der Bevölkerung eine viel grössere Bestrafung durch Feuer verdient hätten, doch wegen der Gebete der Schwester und wegen ihrer Bussübungen sei die Strafe in eine Überschwemmung abgemildert worden, die vier Jahre anhalten sollte.

Der Erzbischof von Mexiko schenkte der Geschichte der Schwester Glauben, die sie unter Eid ausgesagt hatte. Auf seine Anordnung wurde das heilige Bild unter Psalmengesängen, Bussübungen und Gebeten vom Tepeyac in seine bischöfliche Residenz in der Stadt geholt. Das heilige Bild wurde in eine Feluke getragen und unter strömendem Regen mit diesem Küstenfahrzeug – der einzigen Transportmöglichkeit – in der reissenden Strömung, die schwimmende Trümmer und andere Hindernisse mit sich führte, in die Stadt geholt.

Es ist möglich, dass bei dieser Gelegenheit die Tilma in drei Lagen gefaltet wurde, wodurch zwei Knitterfalten in dem unteren und oberen Drittel des Körperbildes entstanden. Bei der Ankunft in der Kathedrale, die halb unter Wasser stand, versicherte der Erzbischof, Don Francisco de Manzoyzuniga, er werde die kostbare Reliquie nicht zurückbringen, bevor er sie «trockenen Fusses» zurücktragen könne. Dies war ihm schliesslich im Jahre 1634 möglich. Obwohl das Wasser noch eine ganze Zeitlang nicht zurückging, flehte das Volk unablässig um Befreiung, und als das

Gebet schliesslich Erhörung fand, wurde Unsere Liebe Frau von Guadalupe als Beschützerin Mexikos proklamiert.

Die Regierung sandte einen Bericht über die Ereignisse, die als ein Wunder geschildert wurden, nach Rom und Madrid.

Auch über dieses geschichtliche Ereignis gibt uns Pater Florencia eine lebhafte Schilderung: «Als der Erzbischof von Mexiko sah, dass die Überschwemmung so ungeheuerlich war, dass alle Strassen der Stadt in Kanäle verwandelt waren, ... dass viele Häuser unter Wasser standen und grosse Gefahr für die Menschen bestand, die darin wohnten, und dass die Flut immer weiter stieg und mit jedem Tage grösser und grösser wurde, während keine menschlichen Bemühungen es vermochten, die Gefahr abzuwenden – als er dies alles sah, befand der Erzbischof, dass das einzige Hilfsmittel ein Gebetssturm zu Gott sei, der seine Hand schwer auf Mexiko gelegt hatte, indem er diese Heimsuchung sandte, sich jedoch vielleicht bewegen liess, sie auf die Fürbitte seiner barmherzigen Mutter zurückzunehmen, deren wunderbares Bild von den Tagen der Erscheinungen an wie ein Regenbogen des Friedens dort gewesen war und die daher über die Fluten siegen könnte.

Nachdem er sich mit dem Vizekönig, dem Grafen von Cerralvo, mit dem erzbischöflichen Hof und dem Domkapitel beraten hatte, entschloss sich der Erzbischof nach reiflicher Überlegung, das Bild aus seiner Kirche zu holen und nach der Stadt Mexiko bringen zu lassen. So begaben sich die zwei Würdenträger, der Kirchenfürst und der Landesfürst, der Hof, die Mitglieder des Domkapitels und ein grosser Zustrom von Mexikanern hinaus aus der Stadt, in einer mit Fackeln und Kerzen reich geschmückten Flotille von Kanus, Feluken und Gondeln. Mit Rudern fortbewegt, begaben sie sich zu dem Heiligtum, denn es war nicht möglich, auf dem Landwege dorthin zu gelangen. Sie holten das Bild der allerseligsten Jungfrau von seinem Platz über dem Altar herab, wo es während der letzten hundert Jahre gethront hatte. Es wurde in der Feluke des Erzbischofs und seines Gefolges aufgenommen und in die Stadt Mexiko hineingerudert. Alle Schiffe leuchteten in einem Lichtermeer. Musik von Waldhörnern und Flöten begrüsste sie. Der Chor der Kathedrale sang Psalmen und Hymnen, doch mehr mit Harmonie als mit Freude. Denn obwohl sie in der Gesellschaft der allerseligsten Jungfrau, von der sie Hilfe erhofften, voller Vertrauen waren, war ihre Freude doch nicht vollkommen.

Als die Flotille nahe bei der Pfarrkirche der heiligen Martyrerin Katharina angelangt war, zog diese weise und kluge Jungfrau in Gestalt ihrer Statue der gebenedeiten Herrin zum Empfang entgegen. Sie wurde auf das Schiff getragen und begleitete das Bild der Gottesmutter auf der weiteren Reise, um sie danach in ihrer eigenen Kirche zu empfangen, wo die hohe Besucherin mit Zeichen liebevoller Verehrung durch den Klerus, der ebenfalls aus diesem Anlass mit festlichen Gewändern geschmückt war, begrüsst und von der Kirche aus zu dem Bischofspalast begleitet wurde, dem ‹Geburtsort› des Wunderbildes, wo sie gastlich für die Nacht aufgenommen wurde.»[54]

Zusätzliche Malereien?

In letzter Zeit kam die Meinung auf, dass während dieses fünfjährigen Aufenthaltes in der Stadt zusätzliche Malereien auf dem heiligen Bild angebracht wurden, möglicherweise um die Wasserschäden auf der Tilma zu überdecken.[55] Man vermutet, dass der Franziskanerpater Miguel Sanchez, ein berühmter Prediger und Theologe seiner Zeit, diese Hinzufügungen veranlasst habe. In einem Aufsatz über Guadalupe ist für ihn die allerseligste Jungfrau mit der Frau der Geheimen Offenbarung identisch, die auf dem Mond steht und ein Kind in ihrem Schoss trägt (Offb 12, 1–2). Man muss zugeben, dass wir heute das heilige Bild so sehen, denn ihre Füsse stehen auf dem Halbmond, und die Quasten (Troddeln) sollen eine Andeutung für Schwangerschaft sein.

Sanchez ist es sicher gelungen, das himmlische Bild so zu arrangieren, dass es mit der Schilderung der apokalyptischen Frau übereinstimmt. Am Ende seines Aufsatzes bestätigt er, dass er dabei Jesus Sirach 38,28–31 zum Vorbild genommen habe. Diese Stellen handeln von dem Handwerker im Gegensatz zu dem Beruf des Schreibers, der Weisheit vermittelt. Die Verse 38,28–31 schildern den Handwerker und Künstler, «der nachts wie bei Tage seine Arbeit hat; wer Siegelringe schneidet und wer seine Geduld auf den Wechsel der Farben aufwendet. Er richtet seinen Sinn darauf, ein Bild getreu wiederzugeben, und er ist ganz bemüht, sein Werk zu vollenden. So auch der Schmied, der am Amboss sitzt und der das rohe Eisen anschaut... Er achtet darauf, sein Werk zu vollenden, und ist bemüht um die Ausschmückung bei der Herstellung.»

Diese Theorie ist jedoch nicht haltbar, da wir genau wissen, wie das heilige Bild 60 Jahre *vor* der Überschwemmung ausgesehen hat. Im Jahre 1570 hatte der Erzbischof von Mexiko eine getreue Kopie von dem Bild malen lassen und sie an Philipp II. nach Spanien gesandt. Der König schenkte das Bild dem Admiral Andrea Doria, der es während der siegreichen Schlacht von Lepanto im Jahre 1571 in seiner Kabine mit sich führte – in der Schlacht, die von entscheidender Bedeutung für den Schutz des christlichen Europa gegen die Bedrohung durch die Türken war. Nachdem das Bild ein paar Jahrhunderte in der Fami-

Admiral Andrea Doria führte bei der Schlacht von Lepanto eine Kopie des Bildes von Guadalupe auf seinem Schiff mit.

lie Doria verblieben war, schenkte im Jahre 1811 Kardinal Doria es der immer grössere Bekanntheit gewinnenden Wallfahrtskirche Unserer Lieben Frau von Guadalupe in San Stefano d'Aveto in Italien. Dort ist es bis heute ein Gegenstand grosser Verehrung. Wenn wir diese Kopie betrachten, ist es uns möglich, einen Blick vierhundert Jahre zurück in die Vergangenheit zu tun und das heilige Bild genau so zu sehen, wie es im Jahre 1570 in Mexiko aussah.

Nun weist die Kopie von Aveto aus dem Jahre 1570 alle Elemente auf, die nach der kürzlich aufgekommenen Meinung Jahrzehnte *nach* 1570 auf dem Original des heiligen Bildes hinzugefügt worden sein sollen. Wenn es also gemalte Hinzufügungen auf dem heiligen Bild gibt – was noch sehr zweifelhaft ist – dann

Bild links: Der Golf von Korinth, wo die berühmte Seeschlacht von Lepanto (heute Naupaktos) stattfand. Rechts: Juan von Austria, unter dessen Kommando die venezianische und päpstliche Flotte 1571 den Sieg über die Türken errang.

könnten sie nur irgendwann zwischen 1532 und 1569 angebracht worden sein. Vielleicht hat Sanchez sich an dem Bild zu schaffen gemacht, doch könnte er höchstens kleine Veränderungen bzw. Ausbesserungen vorgenommen haben wie etwa eine Verkürzung der Finger, um ihnen ein «mexikanischeres» Aussehen zu geben. Vielleicht hat er auch noch eine Umrahmung von Cherubinen hinzugefügt, die später — trotz des grossen Risikos für das zerbrechliche Gewebe — abgewaschen wurden.

Was die Meinung angeht, die Tilma könne durch die Einwirkung von Wasser während der Überschwemmung Schaden erlitten haben, so ist es Tatsache, dass sie sich schon als erstaunlich widerstandsfähig gegen noch schädlichere Elemente als Wasser erwiesen hat. Jahrzehntelang war sie der ruinösen Verschmutzung durch Milliarden von Votivkerzen ausgesetzt gewesen, die unter dem Bilde brannten. Das empfindliche Agave-Material der Tilma, das normalerweise nach etwa zwanzig Jahren verfällt, war schon zuvor von zahllosen verehrenden Händen berührt worden, und eine Menge verschiedener Gegenstände, darunter auch Schwerter, waren an dem Bild angerührt worden – doch bis auf den heutigen Tag ist es in vollkommen erhaltenem Zustand geblieben. Lange nach der grossen Überschwemmung war die Tilma unverletzt aus dem Unfall hervorgegangen, bei dem ätzende Salpetersäure über die empfindliche Oberfläche des Gewandes vergossen worden war. Noch unglaublicher scheint, dass es im Jahre 1921 keinen Schaden bei dem Bombenanschlag erlitt, als direkt unter dem Bild eine grosse Bombe explodierte, durch deren Luftdruck andere, entferntere Gegenstände zerstört oder beschädigt wurden.

Auf die Gefahr hin, die Endergebnisse vorwegzunehmen, welche neueste wissenschaftliche Untersuchungen an dem heiligen Bild erbrachten (worüber im letzten Kapitel dieses Buches berichtet wird), muss betont werden, dass das Gesicht der allerseligsten Jungfrau, ihr Gewand und ihr Mantel, wissenschaftlich nicht zu erklären sind. Es ist bekannt, dass bestimmte Teile der Tilma, die Zeichen von Brüchigkeit aufweisen, übermalt worden sind, um den visuellen Effekt des Bildes zu verbessern. Zu diesen Gebieten, die übermalt wurden, gehören die Sonnenstrahlen, welche die Gestalt der Gottesmutter umgeben, die Quasten, der Pelz, die Ärmelaufschläge und die weissen Aufschläge darunter; der Mond mit dem ihn stützenden Engel, die Goldborte am Mantel und die über den Mantel verstreuten Sterne; ferner die schwarze Brosche am Hals der Gottesmutter. Es gab noch ein oder zwei kleinere Abänderungen wie die oben erwähnte Verkleinerung der Hände.

Die Azteken «lesen» das heilige Bild

Das heilige Bild hatte eine solche Wirkung auf die heidnischen Azteken, dass es die Lehren der christlichen Missionare bestärkte. Die Dame stand vor der Sonne. Die Azteken, die viel Erfahrung im Lesen einer Bilderschrift hatten, erkannten daraus, dass sie grösser war als der gefürchtete Sonnen-Gott Huitzilopochtli. Einen Fuss hatte sie auf den Halbmond gesetzt, der das Zeichen für die grösste Gottheit der Azteken, den gefiederten Schlangengott Quetzalcoatl war, den sie, wie deutlich zu sehen war, besiegt hatte. Die blaugrüne Farbe ihres Mantels war die Farbe, die von aztekischen Königen getragen wurde. Demnach war sie also eine Königin. Und die über ihren Mantel verstreuten Sterne erzählten den Azteken, dass sie grösser war als die Sterne des Himmels,

Die spanischen Eroberer stellten in den Götzentempeln die Statue der Muttergottes von Guadalupe (Spanien) auf.

Das schwarze Kreuz auf der goldenen Brosche am Halsausschnitt des Kleides der Gottesmutter überzeugte die Eingeborenen, dass sie die Religion der Eroberer annehmen mussten.

die sie als Götter anbeteten. Sie konnte aber nicht Gott sein, da ihre Hände im Gebet zusammengelegt waren und ihr Haupt in Verehrung geneigt war, offensichtlich vor Einem, der grösser ist als sie. Das schwarze Kreuz schliesslich auf der Brosche, die sie am Halse trug, war das gleiche Zeichen, das die Fahnen und Helme der spanischen Soldaten zierte – als ob sie den Azteken damit sagen wolle, dass ihre Religion auch die Religion ihrer Eroberer sei.

Die Patronin Mexikos

Um auf den Bericht über einige herausragende Wunder zu jenen ersten Zeiten zurückzukommen: Im Jahre 1736 wütete eine schreckliche Seuche im ganzen Land, der schätzungsweise etwa 700 000 Menschen zum Opfer fielen. Es schien keine Hoffnung auf Befreiung von dieser neuen Geissel zu geben. Als aber am 27. April 1737 Unsere Liebe Frau zur Patronin von Mexiko erklärt wurde, hörte die Seuche auf, als ob die Proklamation bewirkt hätte, dass eine heilende Hand sich über das geschlagene Land ausstrecke. Wie später noch zu sehen ist, sollte dieses Wunder einen entscheidenden Einfluss auf die Entwicklung des Kultes haben.

Ein weiteres Wunder ereignete sich im gleichen Jahr an einer Nonne, die in Puebla im Kloster der heiligen Katharina im Sterben lag. Als sie die Kirchenglocken in der Stadt läuten hörte, die die freudige Nachricht verkündeten, dass Papst Benedikt XIV. ein besonderes Fest zu Ehren Unserer Lieben Frau von Guadalupe festgesetzt hatte, holte die Nonne ein kleines Bild der Muttergottes von Guadalupe unter ihrem Kopfkissen hervor, indem sie flüsterte: «Liebe Mutter, mein Leben bedeutet mir nichts. Doch zum Zeichen dafür, dass Du Deine Erscheinungen auf dem Tepeyac bestätigst, flehe ich Dich an, mir zu helfen.» Bevor die Glocken ihren Jubelruf beendet hatten, stand die Nonne geheilt von ihrem Bett auf.

Der Papst gewährt Privilegien

Rom hat seit der Zeit der Erscheinungen immer mit Interesse den wachsenden Kult beobachtet. Schon im Jahre 1560 hatte Papst Pius IV. eine Nachbildung des heiligen Bildes in seine Privaträume aufgenommen und Medaillen von Unserer Lieben Frau von Guadalupe verteilt. Vor der berühmten Schlacht von Lepanto im Jahre 1571 war – wie schon erwähnt – eine gemalte Kopie des vom Himmel gewirkten Bildes an Bord des christlichen Flaggschiffes mitgeführt worden. Man glaubte, dass es, zusammen mit dem vereinten Rosenkranzgebet, eine entscheidende Rolle bei dem Sieg gespielt habe, durch den das Abendland vor den Türken errettet wurde. Etwa zur gleichen Zeit dehnte Papst Gregor XIII. die durch den Bischof von Mexiko gewährten Privilegien auf jene aus, die das Gnadenbild selbst besuchten, und im folgenden Jahrhundert gewährte Papst Alexander VII. einen vollkommenen Ablass für alle, welche die Gnadenkirche am 12. Dezember besuchten. Diese letztere Gunst war ein Antrieb für das Volk von Mexiko, in Rom auf eine sogar noch höhere Anerkennung Unserer Lieben Frau von Guadalupe zu drängen. So wurden durch Kardinal Rospigliosi (der nach dem Tode von Papst Alexander VII. im Jahre 1667 Papst Clemens IX. wurde) apostolische Schritte eingeleitet. Die Ermittlungen, die zwischen 1663 und 1666 durchgeführt worden waren, sollten genügendes Beweismaterial zusammenbringen, um den Heiligen Vater zu veranlassen, der Basilika auf dem Tepeyac einen höheren Status zu verleihen. Alle verfügbaren Kenntnisse und Daten über die Erscheinungen und über das heilige Bild, zusammen mit den Aussagen vieler unter Eid vernommener Zeugen, wurde von einer offiziellen Kommission unter dem Vorsitz des Vizekönigs, dem Marquis von Mancera, gesammelt.

Nicht von Menschenhand gemalt

Durch die Erhebungen wurden die bisherigen Kenntnisse über Guadalupe wesentlich erweitert und vertieft. Die Maler-Kommission zum Beispiel bezeugte, dass «es menschlich für jeden Künstler unmöglich ist, so etwas Vorzügliches auf einem so groben Tuch, wie es die Tilma oder das Agavematerial ist, auf welcher das himmlische Bild erscheint, zu malen oder herzustellen». (Die Künstler beziehen sich hier auf die rauhe Oberfläche der Agavefaser: die Bildseite der Tilma hatte sich auf unerklärliche Weise im Moment der Entstehung des Bildes geglättet, wodurch es später möglich war, gemalte Hinzufügungen anzubringen). Die Maler sagten weiter: «Der Ausdruck des genannten Bildes Unserer Lieben Frau von Guadalupe auf der Tilma des genannten Juan Diego muss mit Bestimmtheit als ein übernatürliches Werk und ein Geheimnis verstanden und erklärt werden, das der göttlichen Majestät selbst vorbehalten ist.» Sie schlossen, dass alles, was sie niedergeschrieben hatten, nach ihren Kenntnissen «in Übereinstimmung mit der Malkunst» sei. Um ihren Aussagen grösseren Nachdruck zu geben, bekräftigten sie sie nach allen Regeln des Gesetzes mit einem Eid.[56]

Zur Untersuchung der Tilma selbst wurde ein eigenes Komitee gebildet, in welches drei Professoren der Königlichen Universität berufen wurden. Ihr nachfolgender Bericht, den sie unter Eid vor einem öffentlichen Notar abgaben und unterschrieben, enthielt folgende Aussage: «Die anhaltende Frische des heiligen Bildes in Form und Farbe durch so viele Jahre kann angesichts solcher widersetzlicher Elemente keine natürliche Ursache haben. Seine einzige Ursache ist Er, der allein es vermag, alle die Naturkräfte übersteigenden Wunder zu vollbringen.»[57] Die Professoren bekannten, dass sie über die eigenartige Ebenheit einer Seite der Tilma verblüfft seien.

Berichte werden nach Rom gesandt

Unter den vielen Zeugenaussagen war jene von Doña Juana de la Concepción von besonderem Wert. Die 85jährige war die Tochter von Don Lorenzo de San Francisco Haxtlatzontli, einem Historiker und vormaligen Bürgermeister von Cuautitlan, dem Heimatort von Juan Diego. Nachdem sie ihren eigenen Bericht über Begebenheiten während der letzten Jahre des sechzehnten Jahrhunderts abgegeben hatte, sagte sie, dass ihr Vater ein gewissenhafter Sammler von Erinnerungen über die Gegend gewesen sei, wozu

auch ein Bericht über die Erscheinungen auf dem Tepeyac im Jahre 1531 gehöre, da Juan Diego aus seinem Dorf gebürtig war und ihm selbst gut bekannt
war. Er hatte auch Juan Bernardino, den Onkel von
Juan Diego, gekannt. Doña Juana fügte hinzu, dass
ihr Vater als Fünfzehnjähriger die ausführliche Geschichte der Erscheinungen von Juan Diego selbst
gehört habe. Er hatte es später als seine Pflicht angesehen, alles, was er gehört hatte, genau niederzu-
schreiben. Leider ist dieser Bericht von Don Lorenzo
der Nachwelt nicht erhalten geblieben.

Im Jahre 1666 wurden alle Ergebnisse der Erhebungen nach Rom weitergeleitet, zusammen mit einer
Abschrift des *Nican Mopohua,* der aus den achtzehn
weiteren Berichten über die Erscheinungen als der am
meisten zufriedenstellende ausgewählt wurde. Bald
danach liess Papst Innozenz X. die Kopie des heiligen
Bildes in der Apostolischen Kammer ausstellen.

Das schönste Gotteshaus

Indessen empfand das mexikanische Volk erneut,
dass das bestehende Heiligtum auf dem Tepeyac ihrer glühenden Liebe zu der allerseligsten Jungfrau
Maria nicht genügenden Ausdruck gebe. Daher entschlossen sie sich, an dessen Stelle eine gewaltige
Basilika zu errichten – das schönste Monument, das
ihr künstlerisches Talent, ihr Geschick und ihre
Grosszügigkeit ersinnen konnte. Es sollte eine Krönung ihrer ehrfurchtsvollen, verehrenden Liebe zu
Unserer Lieben Frau von Guadalupe werden, die sie
gewürdigt hatte, in ihrer Mitte zu erscheinen. Im
Jahre 1694 ersuchte eine Gruppe führender Bürger
von Mexiko den Erzbischof, eine Subskription für die
Errichtung des Gotteshauses, das sie bauen wollten,
zu genehmigen. Als Garantie ihres persönlichen Ein-

satzes für dieses leuchtende Ziel errichteten sie aus ihren eigenen Mitteln unverzüglich einen Fonds von 80 000 Pesos.

Nach reiflicher Überlegung gab der Erzbischof seine Einwilligung, und ganz Mexiko wetteiferte, sich an diesem ehrenvollen Unternehmen zu beteiligen. Bald stand fest, dass die beste Stelle für die Basilika jene Stätte wäre, wo derzeit die im Jahre 1622 erbaute Kirche stand. So beschloss der Bischof den Bau einer kleinen Kirche nebenan, worin das heilige Bild untergebracht wurde, solange die Basilika im Bau war. Diese Kirche wurde so gut gebaut, dass sie noch heute als Stadtpfarrkirche von Guadalupe dient. In einer glanzvollen Feier wurde das Wunderbild aus der Kirche von 1622 dorthin übertragen; danach begannen die Abbrucharbeiten. Der Grundstein der neuen Basilika wurde im Jahre 1695 gelegt. Die Arbeitskosten beliefen sich auf 800 000 Pesos ohne die Materialkosten, die zumeist durch Spenden zusammenkamen, und ohne die mit grosser Begeisterung geleistete freiwillige Arbeit. In vierzehn Jahren war der Bau vollendet.

Am 30. April 1709 erfolgte die eindrucksvolle Feier der Installierung des Gnadenbildes in seiner neuen Wohnstätte. Dieser grossen Feier wohnten neben dem Erzbischof auch der Vizekönig, der höhere Klerus, Ratsmitglieder, Richter und andere Honoratioren bei. An der Prozession, die sich drei Meilen lang in Richtung zur Stadt Mexiko bewegte, nahm eine unermessliche Menge teil. Alle Kirchenglocken in weitem Umkreis läuteten voller Jubel. In drei Rahmen eingerahmt, wovon der erste aus reinem Gold, der zweite aus Silber und der dritte aus Bronze bestand, während die Aufspannvorrichtung mit solidem Silber fur-

Die im Jahre 1709 fertiggestellte Basilika von Guadalupe, die wegen Gefahr des Einsinkens 1970 geschlossen wurde.

Das heilige Bild über dem Hauptaltar der alten Basilika von Guadalupe.

niert war, wurde das heilige Bild über dem Hochaltar angebracht. Der geschmückte Innenraum der Basilika erstrahlte in hellem Kerzenlicht, das sich in dem bunten Marmor, den Silbergittern, den zahllosen Gemälden, Mosaiken, Skulpturen und anderem Zierat spiegelte. Es war das gewaltigste Gotteshaus in der westlichen Hemisphäre. Nach Beendigung der feierlichen Kirchweihe setzte im ganzen Land eine Novene ein, bei deren feierlicher Gestaltung Orden und weltliche Organisationen miteinander wetteiferten.

Vierzig Jahre später wurde aus der Basilika eine Kollegiatskirche. Ein Kapitel von Stiftsherren übernahm die Verantwortung für den heiligen Bezirk. Der Chor wurde renoviert und noch weiter verschönert, eine grossartige Orgel wurde eingebaut.

Während der ganzen Zeit wurden in Rom die Erhebungen aus dem Jahre 1666 langsam, aber stetig weiter geprüft. Trotz der wohlwollenden Haltung Alexanders VII. und seines Nachfolgers Clemens IX. stiess der Antrag der Mexikaner, Rom möge Gudalupe sein endgültiges Bestätigungssiegel aufdrükken und es durch Gewährung einer eigenen Liturgie in einen höheren Rang erheben, bei gewissen Mitarbeitern des päpstlichen Hofes auf Widerstand. Diese wandten sich gegen die − wie sie es nannten − «Kanonisierung von wunderbaren Bildern». Andere hochrangige Kirchenmänner in Rom meinten, dass die Ehren, um die man für Guadalupe nachsuche, zunächst einmal dem heiligen Haus von Loreto zustünden. Da Loreto diesen einzigartigen Rang noch nicht hatte, obschon jahrhundertelang darum ersucht worden war, müsse Guadalupe warten, bis es an die Reihe käme. Die Debatte dauerte viele Jahre an. Nach dem Tode von Clemens IX. im Jahre 1670 traten eine Anzahl mächtiger Fürsprecher für Guadalupe von der Bildfläche ab, während die Opposition dagegen zunahm.

Ein staunenswertes Wunder

Im Jahre 1736 wurde Mexiko von einer Typhusepidemie heimgesucht, die in acht Monaten 700 000 Menschenleben forderte. In einem verzweifelten Versuch, die Seuche zum Stillstand zu bringen, appellierten die Zivilbehörden an den Klerus, Unsere Liebe Frau von Guadalupe als Landespatronin von Mexiko auszurufen. Dies geschah schliesslich am 26. Mai 1737 durch den Vizekönig-Erzbischof Vizarrón, worauf die mörderische Seuche unverzüglich aufhörte.

Dieses offenbare Wunder ermutigte das mexikanische Volk, Vizarrón zu drängen, sich in Rom durch die Vorlage unumstösslicher Beweise über den wunderbaren Ursprung des Bildes erneut dafür einzusetzen, dass Guadalupe in einen höheren Rang erhoben werde. Vizarrón stimmte zu und ernannte eine Sonderkommission aus den namhaftesten Malern des Landes unter dem Vorsitz des genialen Miguel Cabrera, des berühmtesten Malers seiner Zeit. Diese Experten führten eine gründliche Untersuchung des heiligen Bildes durch. In dem Bericht, den sie dem Erzbischof vorlegten, erklärten sie: «Dieses heilige Bild ist so einzigartig, so vollkommen ausgeführt und so offensichtlich ein Wunder, dass wir sicher sind, dass ein jeder, der auch nur ein wenig in unserer Kunst unterrichtet ist, bei seinem Anblick sofort erklären muss, dass es ein überirdisches Porträt ist... Seine vollendete Anmut und Symmetrie, die vollkommene Harmonie des Ganzen mit den Teilen und der Teile mit dem Ganzen, ist ein Wunder, das alle, die es sehen, in höchstes Erstaunen setzt...»

Cabrera verfasste später ein Buch darüber, worin er erklärte, dass das heilige Bild alle vier Maltechniken zu enthalten schien: Fresko, Öl, Wasserfarbe und Tempora, vermischt in einer physikalisch unerreichbaren Kombination. Er eröffnete ferner, dass es auf der Tilma keine Leimung gebe, was es menschlich gesehen unmöglich mache, auf ihrer rauhen Oberfläche zu malen. Er könne nur mutmassen, dass die unerklärliche Art und Weise, in welcher die Bildseite geglättet wurde, noch ein weiterer Teil seiner übernatürlichen Natur sei.

«So hat Er keinem Volk getan»

Nachdem der Erzbischof dieses höchst positive Zeugnis gelesen hatte und dazu noch einen vorteilhaften Bericht über das heilige Bild von erfahrenen Physikern erhielt, entschloss er sich, eine mit diesen Bestätigungen ausgerüstete Sonderkommission nach Rom zu senden, die an den Papst persönlich appellieren sollte. Der Papst war kein anderer als der grosse Benedikt XIV., einer der gelehrtesten Männer, die je auf dem Stuhle Petri sassen. Nach sorgfältiger Überlegung fiel die Wahl des Erzbischofs auf Pater Francisco Lopez S.J. Dieser, ein hochgebildeter und hervorragender Theologe, war gründlich mit jedem Aspekt der Erhebungen von 1666 vertraut. In kluger Voraussicht nahm Lopez eine herrliche Kopie des heiligen Bildes mit sich, die Cabrera gemalt hatte. Hören wir, was der Historiker Dávila über die denkwürdige Audienz berichtet: «Eine zusammengerollte Leinwand in den Händen haltend, trat Pater Lopez vor Benedikt XIV. Nachdem das Wort an ihn erteilt worden war, schilderte er kurz, aber beredt die Geschichte des Wunders der Erscheinungen von Guadalupe. Während der Papst aufmerksam und voller Staunen zuhörte, hielt der Sprecher plötzlich inne und rief aus: ‹Heiliger Vater, sehen Sie hier die Mutter Gottes, welche in ihrer Huld auch die Mutter der Mexikaner sein will!› Darauf die Leinwand in beide Hände nehmend, wie es einst der glückselige Juan

Diego vor dem ehrwürdigen Bischof Zumárraga getan hatte, entrollte er das Bildnis vor den Blicken Seiner Heiligkeit. Benedikt, der schon durch die Erzählung bewegt war, warf sich bei dieser unerwarteten Handlung und angesichts der Schönheit der Gestalt und des Antlitzes vor ihm mit dem Ausruf nieder, der seither das Erkennungswort für unsere wunderbare und verehrungswürdige Patronin geworden ist: ‹Non fecit taliter omni nationi› – ‹So hat er keinem Volke getan›. Diese Worte aus dem 147. Psalm, die der Heilige Vater auf unser Volk anwandte, wurden später in das Offizium aufgenommen und den ersten Medaillen aufgeprägt.»[58]

Augenzeugen versichern, dass der Heilige Vater das himmlische Porträt unter Tränen auf den Knien verehrte. Er soll zu Pater Lopez gesagt haben, wenn es ihm möglich wäre, würde er nach Mexiko reisen, um barfuss und auf den Knien auf den Tepeyac zu pilgern.

Im Rang der Laterankirche

Sich über alle Widerstände des Heiligen Offiziums hinwegsetzend, stellte der Papst unverzüglich Messtexte und ein Offizium für das Fest Unserer Lieben Frau von Guadalupe zusammen und sandte sie an die Ritenkongregation, die daraufhin ihre Zustimmung gab. Dann verlieh Benedikt der Wallfahrtskirche von Guadalupe einzigartige Privilegien und Ehren und gab ihr einen Status, an den kein anderer Gnadenort, wo der Himmel sich kundgetan hat, herankommt und der sogar Lourdes und Fatima übertrifft. Er bestimmte den 12. Dezember als obligatorischen Festtag in Mexiko und als ein Fest Duplex I. Klasse mit Oktav. Er billigte das Eigenoffizium und die Messe und verpflichtete alle Priester und Chororden darauf. Mit apostolischer Autorität erliess, erklärte und bestimmte er, dass Unsere Liebe Frau von Guadalupe als Erste Patronin und Schutzherrin von Mexiko anerkannt, angerufen und verehrt werden solle. Als krönenden Tribut erhob er die Basilika von Guadalupe in den Rang der Lateran-Basilika und verlieh ihr so den gleichen Rang wie St. Johannes im Lateran in Rom, der Kirche, die an Bedeutung den zweiten Rang in der ganzen Christenheit einnimmt.

Mysteriöse Lösung einer Schwierigkeit

Dass Unsere Liebe Frau wohl selbst diese günstige Wendung der Ereignisse herbeigeführt hat, geht aus der mysteriösen Lösung einer unüberwindlichen Schwierigkeit hervor, die sich ergab, als die Ritenkongregation über die neue Liturgie zu Rate sass. Sie brachte vor, dass nach dem Kanonischen Recht der Antrag für ein Offizium und eine Messe früher, und zwar durch einen formellen Antrag an das Offizium, hätte gestellt werden müssen. Pater Lopez wusste, dass dies schon im Jahre 1667 geschehen war, doch waren die Unterlagen verloren gegangen. Als er überlegte, was nun zu tun sei, fiel ihm plötzlich ein, dass ein Prälat namens Nicoselli im Jahre 1681 ein Buch geschrieben hatte, in dem er über die Registrierung des Antrages bei der Ritenkongregation berichtet hatte. Nach einer intensiven Suche musste er zu seiner Enttäuschung feststellen, dass nirgendwo ein Exemplar des Buches aufzutreiben war. Er wandte sich an Unsere Liebe Frau von Guadalupe und bat um ihre Hilfe. Ein paar Tage später trat ein Strassenhändler mit antiquarischen Büchern an ihn heran, der sich aufdringlich bemühte, ihm einen seiner Bände zu verkaufen. Wie gross war das Erstaunen des Priesters, als er in den Händen des Händlers ein abgenütztes

Exemplar von Nicosellis Buch sah – genau das Buch, das er so dringend brauchte. Angesichts dieses unanfechtbaren Beweises ratifizierte die Ritenkongregation in Eile die neue Liturgie. Ein paar Wochen später, am 25. Mai 1754, nahm Benedikt XIV. die neue Messe und das neue Offizium in den kirchlichen Kalender auf und gab sein historisches Breve «Non est equidem» heraus, worin er alles, was er bestimmt hatte, festlegte:

Das päpstliche Breve «Non est Equidem»

«Zur grösseren Ehre des allmächtigen Gottes und zu seiner grösseren Verherrlichung wie auch zu Ehren der seligsten Jungfrau Maria approbieren und bestimmen Wir durch diese Zeilen mit apostolischer Autorität, dass die allerseligste Jungfrau Maria, deren heiliges Bild in der wunderbaren Kollegien- und Pfarrkirche vor den Toren der Stadt Mexiko verehrt und unter dem Namen ‹Maria von Guadalupe› angerufen wird, zur Patronin und Schutzherrin von Mexiko erhoben sei mit jederlei Vorrechten, die Hauptpatronen und Schutzheiligen gemäss den Rubriken des Römischen Breviers zustehen. Die Erhebung erfolgt auf Wunsch Unserer ehrwürdigen Brüder, dem Bischof jenes Königreiches und dem Welt- und Ordensklerus, deren Bitte durch das Volk jener Staaten unterstützt wird.

Weiter approbieren und bestätigen Wir das obenstehende Offizium und die Messe mit Oktav, und Wir erklären, erlassen und bestimmen, dass die Muttergottes unter dem Namen *Unsere Liebe Frau von Guadalupe* als Patronin von Mexiko anerkannt, angerufen und verehrt werde. Und damit hinfort das feierliche Gedächtnis einer so grossen Patronin und Schutzherrin mit grösster Ehrfurcht und Frömmigkeit gefeiert und ihr gebührende Gebetsverehrung durch die Gläubigen beiderlei Geschlechts, die zu dem kanonischen Stundengebet verpflichtet sind, dargebracht werde, erlassen und bestimmen Wir durch diese Unsere apostolische Autorität, dass für alle Zeiten das Fest jedes Jahr am 12. Dezember zu Ehren der allerseligsten Jungfrau Maria von Guadalupe als ein obligatorischer Feiertag und als ein Fest Duplex I. Klasse mit Oktav begangen wird und dass das vorgenannte Offizium gebetet und vorgenannte Messe gefeiert werde.» Es folgte eine Aufzählung von Ablässen und Privilegien. Das Breve schloss wie üblich: «Gegeben zu Rom, in Santa Maria Maggiore, am 25. Mai 1754, im vierzehnten Jahre Unseres Pontifikates.»

«Glückliches Amerika! Bevorzugtes Amerika!»

Man kann sich vorstellen, mit welchem Jubel diese wunderbare Nachricht in Mexiko aufgenommen wurde. Pater Lopez wurde bei seiner Rückkehr wie ein Held empfangen. Dichter und Prediger priesen die einzigartige Anerkennung und Ehre, die dem heiligen Bild verliehen wurde. «Glückliches Amerika! Bevorzugtes Amerika!», sangen sie. «Von Maria geliebtes Amerika! O Amerikaner, wie hast du das verdient, dass die Mutter deines Herrn zu dir kommt?»

Von diesem Tage an galt das Bild Unserer Lieben Frau von Guadalupe mehr noch als zuvor als Verkörperung und Symbol Mexikos. Dabei müssen wir in Erinnerung rufen, dass zu Mexiko die ganzen spanischen Territorien Kuba, Texas, Kalifornien, Arizona, Utah, Nevada, Neu Mexiko und Florida gehörten. Da die Zivilisation bis in die riesigen Gebiete des Nordens und Südens gedrungen war, von den Prärien bis zu den Pampas, setzte die Verehrung Unserer Lieben Frau von Guadalupe bei allen Völkern dieser Gebiete ein und verbreitete sich von dort über die ganze Welt. War sie ja doch gekommen als die barmherzige Mutter nicht nur «all derer, die in diesen Landen wohnen» (d.h. auf der westlichen Halbkugel), «sondern auch all derer, die mich lieben, die zu mir rufen, die mich suchen und die ihr Vertrauen in mich setzen». Während des mexikanischen Unabhängigkeitskrieges zu Beginn des 19. Jahrhunderts diente eine Kopie des heiligen Bildes als Nationalflagge und führte das Land durch viele Prüfungen und Rückschläge am Ende zum Sieg. Der kurze, tragische Konflikt zwischen Mexiko und den Vereinigten Staaten im Jahre 1847 wurde in einer Friedensverhandlung beigelegt, die im Februar 1848 im Heiligtum von Guadalupe unterzeichnet wurde.

Die Marquesa Calderón de la Barca berichtet

Einer der anschaulichsten Berichte über das heilige Bild und die Wallfahrtskirche zu jener Zeit stammt aus der Feder der Marquesa Calderón de la Barca, einer gebürtigen Engländerin und Frau des ersten spanischen Gesandten in der neuen Republik Mexiko. In einem Brief von 1839 an Verwandte im Ausland, der später von dem grossen Historiker Prescott, einem Freund der Familie, veröffentlicht wurde, schrieb sie: «Heute morgen fuhren wir aus und besuchten die Kathedrale Unserer Lieben Frau von Guadalupe... Wir kamen durch elende Vororte, verkommen und schmutzig, deren Gerüche alles andere als mit dem Duft von Kölnisch Wasser rivalisieren können. Ausserhalb der Stadt ist die Strasse nicht besonders schön, doch ist sie zum grössten Teil eine an beiden Seiten von Bäumen gesäumte, breite, gerade Avenue.

In Guadalupe, auf dem Hügel Tepeyac, stand in alten Zeiten der Tempel von Tonantzin, der Göttin der Erde und des Getreides – eine milde Gottheit, die keine Menschenopfer verlangte und sich durch das Opfern von Turteltauben, Schwalben, Tauben usw. versöhnen liess. Sie war die Schutzherrin der Totonoqui-Indianer. Die grosse Kirche, die nun am Fusse des Berges steht, ist eine der prächtigsten in Mexiko. Nachdem wir uns den Kopf mit einem Schleier bedeckt hatten – Hüte sind innerhalb der Kirche nicht erlaubt –, traten wir in dieses berühmte Heiligtum ein und waren von der verschwenderischen Fülle des Silberschmucks geblendet.

Die Jungfrau von Guadalupe ist auf dem heiligen Bild in einem blauen, mit Sternen bedeckten Mantel und einem rotgoldenen Gewand dargestellt. Ihre Hände sind wie im Gebet zusammengelegt, ihre Füsse stehen auf einem Halbmond, der von einem Cherubim getragen wird... Danach besuchten wir eine kleine, von einer Kuppel bedeckte Kapelle. Die Kapelle steht über einer sprudelnden Quelle, deren Wasser wunderbare Eigenschaften besitzt. Wir kauften Kerzen und Medaillen, die an dem heiligen Bild angerührt sind, und weisse Seidenbänder mit den Massen der Hände und Füsse der allerseligsten Jungfrau. Obwohl es sehr warm war, stiegen wir einen steilen Weg hinauf, der nach oben auf den Hügel führt, wo eine weitere Kapelle steht. Von dort hat man einen herrlichen Blick auf Mexiko. Neben der Kapelle befindet sich eine Art Denkmal in Form von Schiffssegeln, von einem dankbaren Spanier errichtet zum Gedächtnis an seine Errettung aus einem Schiffbruch, die er der Fürsprache Unserer Lieben Frau von Guadalupe verdanken zu dürfen glaubt.»

Das heilige Bild wird gekrönt

Im Laufe der Jahre wandten sich die Mexikaner, die von jeher danach strebten, ihre geliebte Schutzpatronin mit immer grösseren Ehren zu überhäufen, an Papst Leo XIII. mit der Bitte, in ihr Offizium die Geschichte der Erscheinungen und die tröstliche Botschaft Unserer Lieben Frau an alle ihre Kinder, ganz gleich welcher Rasse, aufzunehmen. Dieser höchste Akt der Huldigung würde die Anerkennung Unserer Lieben Frau durch die Völker als der höchsten Patronin ihres eigenen Landes und Königin der Welt endgültig besiegeln.

Mit der Ausrufung Unserer Lieben Frau als Königin wird ihre hervorragende Stellung als Mutter des Erlösers und somit ihr rechtmässiges Königtum dankbar anerkannt. Wenn nämlich der Sohn König ist, dann ist auch die Mutter Königin. Mit einer solchen Proklamation wird auch die einzigartige Schuldlosigkeit, Tugend und Würde Marias als der zweiten Eva anerkannt. Der erste Adam und die erste Eva waren «Herren der Schöpfung» auf der materiellen Ebene; der zweite Adam (Christus) und die zweite Eva (Maria) besitzen diese königliche Würde in der geistlichen Sphäre. («Mein Reich ist nicht von dieser Welt», Joh 18,36). «Die allerseligste Jungfrau Maria muss als Königin proklamiert werden – nicht nur, weil sie die Mutter Gottes ist, sondern auch weil es Gottes Wille war, dass sie eine einzigartige Rolle im Heilswerk unserer Erlösung spielen sollte», verkündete Papst Pius XII.[59]

Neun Jahre gingen nach der Einreichung des Antrags an Leo XIII. dahin, da sich aufgrund einer Falschmeldung, die in Madrid grosses Aufsehen erregt hatte, gewisse Schwierigkeiten ergaben. Das mexikanische Volk betete in dieser angespannten Wartezeit ohne Unterlass. Schliesslich kam Leo XIII.

Denkmal in Form eines Schiffssegels, das ein Spanier zum Dank für seine Rettung aus einem Schiffbruch errichtete, die er U.L.F. von Guadalupe zuschreibt.

den Bitten nach und bestimmte, dass aus Anlass seines Priesterjubiläums das heilige Bild gebührend gekrönt werden solle. Die Bischöfe entschieden unter dem Jubel ihrer Nation, diesen hohen Huldigungsakt am 12. Oktober 1895 zu vollziehen.

Der Brief, den der Heilige Vater aus diesem Anlass an die mexikanischen Bischöfe schrieb, lautete:

«Mit grosser Genugtuung haben Wir beschlossen, eurer Bitte nachzukommen, das Offizium zu Ehren der allerseligsten Jungfrau von Guadalupe, der ersten Schutzpatronin eures Landes, das schon von Unserem hohen Vorgänger Benedikt XIV. genehmigt wurde, mit bestimmten Hinzufügungen zu bereichern. Denn Wir sind Uns in der Tat bewusst, wie eng die Bande sind, die den Beginn und die weitere Ausbreitung des christlichen Glaubens unter den Mexikanern mit der Verehrung der Gottesmutter verknüpfen, deren Bild, wie eure Geschichte berichtet, eine bewundernswerte Vorsehung von Anfang an berühmt machte. Wir wissen auch, dass in dem Heiligtum auf dem Tepeyac, für dessen Instandsetzung, Vergrösserung und Ausschmückung ihr euch so besorgt erweist, die Kundgebungen der Frömmigkeit Tag für Tag zunehmen, da fromme und grosse Wallfahrten aus allen Teilen der Republik zu jener Stelle herbeiströmen. Da also, wie ihr selbst wisst, die liebevolle Gottesmutter, die unter dem Titel *Maria von Guadalupe* verehrt wird, die Urheberin und Erhalterin dieser grossen Harmonie der Seelen ist, ermahnen Wir durch euch mit aller Zuneigung Unseres Herzens das ganze mexikanische Volk, danach zu trachten, diese Ehrerbietung und Liebe zur Gottesmutter als ihre hervorragendste Ehrung und als Quelle allen Segens immer zu bewahren.

Was besonders den katholischen Glauben angeht, der zugleich auch unser kostbarster Schatz ist und in diesen Tagen so leicht verloren gehen kann, mögen alle zuinnerst überzeugt sein, dass dieser Glaube unter euch in seiner ganzen Reinheit und Stärke erhalten bleiben wird, solange diese Verehrung der Gottesmutter, wie es schon bei euren Vorfahren der Fall war, unvermindert aufrecht erhalten bleibt. Mögen sie daher täglich mehr darin wachsen, indem sie mit immer wärmerer Zuneigung eine so erhabene Schutzpatronin lieben, und sie werden erfahren, dass der Segen ihres wirksamsten Schutzes täglich immer reichlicher herabkommen wird, zum Heile und zum Frieden aller Bevölkerungsschichten...».

Sofort wurden fieberhafte Vorbereitungen für den grossen Krönungstag in Bewegung gesetzt. Im ganzen Land wurde den Sommer hindurch gebetet und geopfert. Die Basilika wurde mit grösster Sorgfalt ausgebessert, während wohlhabende Frauen miteinander um das Vorrecht wetteiferten, ihre Juwelen zu spenden, die in die kostbare Krone eingearbeitet wurden. «Die Krönung ist das feierliche Volksbegehren für die religiöse und soziale Oberhoheit Unserer Lieben Frau in Mexiko», verkündete der Bischof von Colima kurz vor dem feierlichen Ereignis.[60]

Der 12. Oktober 1895 ist als einer der grössten Tage in die Geschichte Mexikos eingegangen. Vierzig Bischöfe aus jedem Land der westlichen Welt, Hunderte von Priestern und eine unzählbare Menge von Gläubigen fanden sich vor dem heiligen Bild ein. Es war ein Schauspiel, an das Jahre danach selbst das Diamantene Jubiläum der Königin Victoria in England bei weitem nicht herankam. Die ganze Bevölkerung von Mexiko-Stadt schien sich um Guadalupe versammelt zu haben. Für jene, die wegen der Entfernung die Reise nicht machen konnten, wurden überall in den Städten und Dörfern besondere Gottesdienste abgehalten, die zur selben Zeit wie die Krönung stattfanden.

Ein Reporter schrieb in der Zeitung *EL Tiempo,* einer

der führenden weltlichen Tageszeitungen des Landes: «Es gab wahrhafte Freudenausbrüche, Jubel und Begeisterung bei den Anwesenden. Männer und Frauen weinten vor Freude. Alle fühlten sich eins im christlichen Glauben, und ihre Seelen waren von unbeschreiblicher Süssigkeit erfüllt.»

Das Pontifikalamt wurde vom Erzbischof von Mexiko zelebriert. Der Bischof von Yucatan sagte in seiner Predigt: «Indem Unsere Liebe Frau die Mexikaner als ihr Volk erwählte, setzte sie sich selbst zur Herrscherin und Patronin von Amerika ein. O glückliches Amerika! O glückliches Westindien! O gesegnetes Mexiko! Du Mexiko, das von der Königin des Himmels erwählt und geheiligt wurde! Nicht nur hat sie an dir getan wie keiner anderen Nation, indem sie dich mit solcher Liebe, solch mütterlicher Zärtlichkeit und Bevorzugung besuchte, sondern durch das kostbare Geschenk ihres Bildes, dieses Wunderbildes von Guadalupe, hat sie euch einen Zeugen hinterlassen, dass eure Berufung ihr Werk ist. O all ihr Völker Amerikas! Werft eure Kronen zu Füssen eurer Königin und Patronin nieder, wie es im Himmel die Vierundzwanzig Ältesten am Fusse des Thrones des Gotteslammes, ihres Sohnes, tun.»

Nach der Messe wurde das *Regina cœli* voller Jubel gesungen, und der begeisterte Klang wurde von dem unermesslichen Menschenmeer aufgenommen, das sich rings um die Basilika ausdehnte. Als der Erzbischof die strahlende Krone über das heilige Bild hob, sprach er diese edlen Worte aus: «Wie Du durch unsere Hände auf Erden gekrönt wirst, so mögen wir würdig befunden werden, von Christus mit Ehre und Herrlichkeit im Himmel gekrönt zu werden.»

Überall waren Festlichkeiten an der Tagesordnung. Es gab besondere Krönungsbankette für die Armen, die in den katholischen Schulen und Lehranstalten stattfanden. In allen Städten und Dörfern im ganzen

Land gab es nach dem Hochamt, das zur gleichen Zeit wie das Amt in der Basilika stattfand, ungehinderte Freudenausbrüche. Orchester, Musikkapellen, Blumengewinde, Freudenfeuer, Feuerwerke, farbenreicher Festschmuck – alles musste dazu dienen, der grossen Freude des Volkes Ausdruck zu geben.

Die Zeitung *Gil Blas* fasste die Gefühle des Volkes mit diesen Worten zusammen: «Alle, ob gläubig oder nicht, finden in der Jungfrau von Guadalupe etwas, das sie lieben und verehren können. Gegen sie äussert kein Mensch in diesem Land eine Blasphemie. Sie ist das Ideal, das Licht, das über unserem Hader und Streit und über unserem Unglauben leuchtet. Aus diesem Grund konnte Altamirano die denkwürdigen Worte schreiben: ‹Sollte der Tag kommen, da die Jungfrau von Guadalupe nicht mehr verehrt wird, so wird dies das Zeichen dafür sein, dass von Mexiko selbst der Name unter den Nationen ausgelöscht ist.›»[61]

6. Kapitel

Das heilige Bild in der heutigen Zeit

Im zwanzigsten Jahrhundert fand die Verehrung Unserer Lieben Frau von Guadalupe immer grössere Verbreitung, und es kam zu hochinteressanten neuen Entwicklungen. Im Jahre 1900 erhielt die Vollversammlung der lateinamerikanischen Bischöfe vom Heiligen Vater die Erlaubnis, das Fest von Guadalupe auf ganz Lateinamerika auszudehnen. Zehn Jahre später erklärte der heilige Papst Pius X. sie zur «Himmlischen Patronin» dieser Länder. Doch ihre Herrschaft beschränkte sich nicht nur auf die westliche Hemisphäre. Kirchen zu Unserer Lieben Frau von Guadalupe entsprangen auf dem ganzen Erdkreis, besonders in Italien und Spanien.

Das italienische Gnadenbild hat eine besonders bedeutsame Geschichte. Als die Jesuiten durch König Karl III. von Spanien im Jahre 1767 aus Mexiko vertrieben wurden, verbreiteten sie überall, wo sie sich niederliessen, die Verehrung Unserer Lieben Frau von Guadalupe. In Aveto, am Fusse des Apennin, wurde in der Kirche San Stefano ein schöner Gnadenaltar zu ihren Ehren errichtet. Es wurden Wunder berichtet, und die ganze Provinz wurde unter ihren Schutz gestellt. Dann vermachte Kardinal Doria im Jahre 1811 der Wallfahrtskirche die berühmte Kopie des heiligen Bildes, die im Jahre 1570 angefertigt worden war. Papst Pius VI. gewährte der Wallfahrtskirche eine Eigenmesse und ein Eigenoffizium zu Unserer Lieben Frau von Guadalupe, zusammen mit einer Anzahl von Ablässen, wenn die Verehrung an Ort und Stelle stattfand.

Angesichts der stets zunehmenden Beliebtheit des

Gnadenbildes bei den Pilgern erhob Papst Leo XIII. den Altar von San Stefano zu einem privilegierten Altar. Durch päpstlichen Erlass ist mit Messen, die an einem solchen Altar für Verstorbene gefeiert werden, ein vollkommener Ablass verbunden. — Im Jahre 1947 errichtete das Volk noch eine grosse

Diese Statue von Juan Diego und Bischof Zumárraga ist ähnlich jener, die in den Vatikanischen Gärten aufgestellt ist. Es war ein Geschenk der mexikanischen Gläubigen an den Heiligen Stuhl im Jahre 1939. Papst Johannes XXIII. liess sie an einen prominenteren Platz rücken.

Statue des Gnadenbildes auf dem Gipfel des Monte Maggiorasco (zirka 1900 m), dem höchsten Berg der Provinz und auch der ganzen Bergkette des Apennin. Diese Stätte ist nun ebenfalls zu einem beliebten Wallfahrtszentrum geworden.

Zwei römische Kirchen sind Unserer Lieben Frau von Guadalupe geweiht. Der Eckstein der einen dieser Kirchen auf der Via Aurelia stammt vom Tepeyac und wurde am 12. Dezember 1958 vom mexikanischen Kardinal José Garibi gelegt. Die Kirche wird von Legionären Christi betreut, einer mexikanischen Ordenskongregation, die im Jahre 1941 von Pater Marical gegründet wurde. Dieser Kirche stattete Papst Johannes XXIII. seinen letzten Besuch ausserhalb des Vatikans ab. Schon früher war eine Statue Unserer Lieben Frau von Guadalupe in den Vatikanischen Gärten aufgestellt worden, zusammen mit einer Statue, welche die wunderbare Entstehung des heiligen Bildes auf Juan Diegos Tilma darstellt. Dieses Geschenk des mexikanischen Volkes wurde am 21. September 1939 enthüllt. Im heiligen Haus von Loreto auf der anderen Seite des Landes berichten zahlreiche Wandmalereien über die Erscheinungen Unserer Lieben Frau von Guadalupe.

In Spanien prangt eine gekrönte Nachbildung des heiligen Bildes in der schönen Kirche Unserer Lieben Frau von Guadalupe in Madrid. In jedem Frühjahr werden die ersten Rosen, die in dem berühmten El Retiro-Park der Stadt blühen, im Namen des spanischen Volkes an das heilige Bild in Mexiko gesandt. Auch Frankreich huldigte der Jungfrau vom Tepeyac. In Lourdes ist der ihr geweihte Aussenaltar gut bekannt, ebenso in Paris das herrliche Mosaik des heiligen Bildes in einer Seitenkapelle von Notre-Dame. Noch interessanter ist jedoch die Gnadenkirche Unserer Lieben Frau von Guadalupe in Abbeville. Eine gemalte Kopie des vom Himmel bewirkten Bildes gelangte zu Anfang des achtzehnten Jahrhunderts nach Frankreich. Pater de Gouye S.J. schenkte es seiner Schwester, die im Heimsuchungskloster in Abbeville Oberin war. Das Bild wurde von der Schwesternschaft bis zur Aufhebung des Klosters während der Revolution im Jahre 1792 verehrt. Zum Glück konnte der Pfarrer der in der Nähe gelegenen Kirche Saint-Sepulchre es nach dem Aufruhr in einem Antiquitätenladen wiedererwerben. Es befindet sich noch jetzt in dieser Kirche, wo es sehr verehrt wird und von vier Medaillons umgeben ist, welche die vier Erscheinungen darstellen.

Überall in der Welt entstanden Wallfahrtsstätten mit Altären oder Statuen zu Ehren Unserer Lieben Frau von Guadalupe, so in London, Stockholm, Addis Abeba, Nagasaki, Wien.

Eine schöne Nachbildung des heiligen Bildes kennzeichnet die Stelle in Nagasaki, wo im Jahre 1597 die Martyrer starben, unter denen sich einige Mexikaner befanden. Wie in vielen anderen Ländern, befindet sich auch eine prächtige Nachbildung Unserer Lieben Frau von Guadalupe in Polen, und zwar auf dem Jasna Gora in Tschenstochau, dem Herzen des starken katholischen Glaubens in diesem Land. Am 3. Mai 1959 hisste Erzbischof Dr. Don Miguel Dario Mirando von Mexiko unter dem Beistand von Jerzi Skoryna, dem Vorsitzenden der ehemaligen polnischen Kriegsteilnehmer im Exil, die polnische Nationalflagge in der Basilika auf dem Tepeyac und weihte Polen Unserer Lieben Frau von Guadalupe. In seiner Ansprache aus Anlass des denkwürdigen Ereignisses erklärte Jerzi Skoryna:

«Im Vertrauen auf die Königin des Himmels, Mexikos und Polens haben wir uns zu Füssen dieses heiligen Altares am Thron der Jungfrau auf dem Tepeyac versammelt und weihen ihr unser geliebtes Vaterland. Wir flehen aus tiefstem Herzen um Frieden, Freiheit,

Unabhängigkeit und Gerechtigkeit für die Kirche des Schweigens, für unser Land und für alle Nationen, die unter dem grausamen Joch der gottlosen Lehre des Kommunismus leiden. Die Jungfrau von Guadalupe hat schon ihre Verehrer in unserem Land – genauso wie andererseits die Jungfrau von Tschenstochau, die Königin Polens, von vielen in Mexiko verehrt wird. Wir glauben, dass es keine festere Freundschaft und stärkere Liebe zwischen unseren Ländern geben kann als die Freundschaft und Liebe, die durch die allerseligste Jungfrau Maria, die Königin Mexikos und Polens, zustande kommt.»

Päpstliche Dekrete über das heilige Bild

Von den fünfundvierzig Päpsten, die seit der Zeit der Erscheinungen die Kirche regierten, haben fünfundzwanzig Päpste Dekrete über das heilige Bild erlassen. Am 12. Dezember 1933 erneuerte Papst Pius XI. im Petersdom in Rom unter grosser Prachtentfaltung die Proklamation der Gottesmutter von Guadalupe als Patronin von Lateinamerika, wonach er in einem feierlichen Pontifikalamt eine Nachbildung des heiligen Bildes krönte. Sein Nachfolger Papst Pius XII. richtete am 12. Oktober 1945 eine Radiobotschaft an Mexiko zum Gedächtnis des Goldenen Jubiläums der ersten Krönung dieses himmlischen Bildes durch Leo XIII. Der Heilige Vater, der in Italien schon neun Unserer Lieben Frau von Guadalupe geweihte Gnadenstätten errichtet hatte, bestimmte, dass das heilige Bild in Mexiko erneut gekrönt werden solle, und er rief Maria formell zur Kaiserin von ganz Amerika aus. «Gruss Dir, o Jungfrau von Guadalupe», rief der Heilige Vater aus. «Wir, dem die wunderbare Bestimmung der Vorsehung – ungeachtet Unserer eigenen Unwürdigkeit – den heiligen Schatz der Göttlichen

Weisheit auf Erden zur Errettung der Seelen anvertraut hat, setzen erneut auf Deine Stirn die Krone, die für alle Zeiten die Reinheit und Unantastbarkeit des Glaubens in Mexiko und auf dem ganzen amerikanischen Kontinent unter Deinen mächtigen Schutz stellt. Denn Wir sind überzeugt, dass Mexiko und Amerika in Sicherheit sein werden, solange Du als Königin und Mutter anerkannt wirst.»

Papst Johannes XXIII. rief für die Zeit vom 12. Dezember 1960 bis zum 12. Dezember 1961 ein Marianisches Jahr Unserer Lieben Frau von Guadalupe aus und pries sie als «die Mutter beider Amerika». Das ergreifende Gebet, das er verfasste, bringt seine kindliche Verehrung und Huldigung zum Ausdruck: «Gruss Dir, Mutter beider Amerika, himmlische Missionarin der Neuen Welt. Von dem Heiligtum vom Tepeyac aus bist Du den Völkern Amerikas seit mehr als vierhundert Jahren Mutter und Lehrerin des Glaubens gewesen. Sei auch unser Schutz und rette uns, o unbefleckte Jungfrau Maria. Steh denen bei, die uns regieren. Erwecke neuen Eifer in unseren Kirchenfürsten und vermehre die Tugenden unseres Klerus', und erhalte für immer unseren Glauben. In jedem Heim möge die Heiligkeit der Familie blühen, und im Schutze der Familie möge die katholische Erziehung unter Deinem wohlwollenden und gütigen Blick ein heilsames Wachstum erlangen.»

Papst Paul VI. erwies dem Gnadenbild eine einzigartige Ehre, indem er ihm am 5. März 1966 eine goldene Rose schenkte – ein Privileg, das später nur noch Lourdes und Fatima zuteil wurde.

Zwanzig Millionen Pilger jährlich

Heute ist Guadalupe der grösste Marien-Wallfahrtsort der Welt und wird jährlich von rund *zwanzig Mil-*

Die neue Basilika von Guadalupe, rechts daneben die alte, sinkende Basilika.

lionen Pilgern besucht. Tag für Tag finden sich dort das ganze Jahr über endlose Pilgerscharen aus der ganzen Welt ein. Schweigend und in sich gekehrt legen viele die letzten paar hundert Schritte auf den Knien zurück. Sie stellen einen eindrucksvollen Querschnitt aus allen Volksschichten dar: elegant gekleidete Geschäftsleute, Arbeiter, Verkäuferinnen, Fabrikarbeiter, Bauern, Mütter mit kleinen Kindern, einzelne Familiengruppen, gebeugte, grauhaarige Männer und Frauen, langhaarige Teenager in Jeans – in endlosem Wechsel. Viele treffen verstaubt und mit beschmutzten Kleidern nach tagelanger Fusswallfahrt ein, doch ihre Augen leuchten vor Glaube und Liebe, wenn sie in den gewaltigen Lobgesang einstimmen: «Unbefleckte und allzeit reine Jungfrau Maria, Mutter des wahren Gottes...» Manche führen bunte Banner aus Seidensatin mit sich, andere prächtige Blumengebinde oder einfache Kränze, die sie zu Füssen des heiligen Bildes niederlegen.

Vor mehr als einem halben Jahrhundert, als die Verfolgung sich während des Calles-Regimes auf dem Höhepunkt befand, schrieb Pater Miguel Pro S.J., der bekannte mexikanische Martyrer, über die Wallfahrten: «Fast die ganze Stadt zog an dem gebenedeiten Bild Unserer Lieben Frau vorbei. Ich konnte mich nicht losreissen von dem Anblick. Tausende von Menschen strömten durch die Avenida Peravillo, auf den Knien oder barfuss, betend und singend – Reiche und Arme, Arbeiter und Gebildete. Im Nu ging unser eigener Chor in der Menge unter, die alle der Gottesmutter Maria, Christus dem König, dem Papst, den Bischöfen zujubelten.»[62]

Jeden Mai treffen Hunderttausende von kleinen, in Weiss gekleideten Mädchen vor dem heiligen Bild ein, mit einem Blumenstrauss in der Hand, den sie in der riesigen Kirche niederlegen. Im Juni folgen ihnen eine gleiche Anzahl kleiner Knaben. Der Dezember bringt riesige Wallfahrten von so verschiedenen Gruppen wie Luftballon-Fabrikanten und Taxichauffeuren mit sich, wobei die letzteren, wie es sich nicht vermeiden lässt, den Verkehr in der Riesenstadt lahmlegen. Danach wird jedes Taxi mit seinem kleinen Gnadenbild der Muttergottes von Guadalupe von Dutzenden von Priestern mit Weihwasser besprengt. Das ganze Jahr hindurch führen in bunten Farben gekleidete Gruppen unermüdlich religiöse Tänze vor der Basilika auf zum Gruss an die jungfräuliche Mutter. Wenn die einzelnen Gruppen ihren Tanz beendet haben, mischen sie sich unter die unzähligen Pilger, die sich wie Meeresfluten in die Basilika ergiessen. Wenn sie dann in stillem Gebet vor dem heiligen Bild knien, überlassen sich die Pilger jenem magnetischen Gefühl der Gegenwart, jener anmutigen mütterlichen Zärtlichkeit, das jedem einzelnen persönlich diese bewegenden Worte zu wiederholen scheint, die sie vor so langer Zeit zu Juan Diego sprach:

«Ich bin deine barmherzige Mutter, die Mutter aller, die vereint in diesem Lande leben, und der ganzen Menschheit, all jener, die mich lieben, die zu mir rufen, die mich suchen, die ihr Vertrauen in mich setzen. Hier will ich ihr Weinen, ihre Sorgen anhören und will ihre Leiden heilen und mildern, ihre Nöte und ihr Unglück lindern.»

«Heute, wenn der Tourist die stets überfüllte Basilika betritt», schrieb Henry F. Unger zu Anfang der siebziger Jahre unseres Jahrhunderts, «ist er in höchstem Masse erstaunt über die Schönheit des Bildes von Guadalupe oben über dem Hauptaltar. Ich kann mich an das innige Beten der Mexikaner erinnern, wie sie, auf den Knien liegend, den in Blumen eingehüllten Hauptaltar umdrängten. Ich sah auch, dass die mei-

Vor dem Heiligtum.

sten Mexikaner sich in die daneben liegende Sakramentskapelle begaben. Der Besucher kann nicht anders als von dem grossartigen Hauptaltar in dieser Kapelle und den vielen Seitenaltären beeindruckt sein. Ich konnte kaum in diese Kapelle hineinkommen, wo alle Viertelstunde die heilige Kommunion gespendet wurde... Von allen Seiten rutschten mexikanische Pilger auf den Knien über den Fussboden zum Sakramentsaltar. Dort – oft mit ausgebreiteten Armen – schütteten sie dem eucharistischen König ihr Herz aus. Trauben von kleinen Kindern hingen an einer betenden mexikanischen Mutter, die ihren Blick nicht von der heiligen Hostie wandte. Andere Mexikaner brachten armevoll Blumen und stellten sie auf die Kommunionbank. Wieder andere hinterliessen Gedenktafeln zum Dank für eine Heilung, die sie durch Gebete zum Herrn im allerheiligsten Altarsakrament erlangt hatten...»[63]

Es ist dasselbe wie in allen Marien-Wallfahrtsorten auf der ganzen Welt. Maria führt die Pilger zu ihrem göttlichen Sohn im heiligsten Altarsakrament. Mit offenen Armen empfängt sie ihre leidenden Kinder und sehnt sich danach, einen jeden in ihre Arme zu schliessen und alle zu Jesus zu führen, den sie auch einmal in ihren Armen gehalten hat. In diesem Sinne kann sie Unsere Liebe Frau vom allerheiligsten Altarsakrament genannt werden, «dem theologischsten aller Marientitel nach dem Titel Mutter Gottes» – um mit den Worten des heiligen Papstes Pius X. zu sprechen.

Seligsprechungsprozess für Juan Diego

Doch auch Juan Diego ist nicht vergessen. Man denkt daran, dass die Gottesmutter sich *ihn* aussuchte, den Geringsten von allen, den Niedrigsten und Letzten in dem Dorf, so dass niemand sich je von ihrer mütterlichen Liebe ausgeschlossen fühlen muss. Ein von der Kirche eingesetztes Komitee ist zur Zeit dabei, Unterlagen und Daten zu sammeln, die im Hinblick auf den Seligsprechungsprozess von Juan Diego nach Rom gesandt werden. Der Prozess geht notwendigerweise langsam vonstatten, da das wenige, das über sein Leben bekannt ist, möglicherweise nicht genügt, um die genauen Erfordernisse Roms zu erfüllen, wenn das Leben und die Tugenden eines Heiligkeits-Kandidaten sorgfältig untersucht werden.

In einem Hirtenbrief vom April 1939 erklärte Bischof Manrique Zárate von Mexiko-Stadt: «Juan Diego hatte das hehre Erlebnis, die erhabene Mutter Gottes zu sehen, von der er so geliebt wurde, dass er allein der Übermittler ihrer Botschaft der Liebe an die junge mexikanische Kirche sein sollte ... Diese eine Überlegung müsste uns genügen, um über die bedauerliche Unterlassung zu weinen, derer sich alle Mexikaner schuldig gemacht haben, vor allem aber jene von uns, die durch ihre Stellung oder soziale Verantwortung und ihren Stand die ersten hätten sein müssen, um sich für die Seligsprechung von Juan Diego einzusetzen.» Der Bischof erzählte dann weiteres aus dem Leben dieses einfachen Landmannes und führte seine moralischen und göttlichen Tugenden an, wobei er die verschiedensten Quellen zitierte. Er schloss mit der Aufforderung an alle Mexikaner, dafür zu beten, dass seine Seligsprechung endlich erfolge.

Einer der grössten gegenwärtigen Apostel Unserer Lieben Frau von Guadalupe, der Augenarzt Dr. Charles Wahlig in New York, hat eine bedeutende Rolle in der Förderung der Causa von Juan Diego gespielt. Im Jahre 1968 reiste er nach Rom, um Papst Paul VI. zu ersuchen, eine Äusserung über die Bedeutung von Juan Diego abzugeben. Obwohl die Umstände später den Heiligen Vater daran hinderten, dem Antrag nachzukommen, war er davon begeistert und verlieh Dr. Wahlig eine Medaille für «ein sehr apostolisches Werk», nämlich die Förderung der Causa von Juan Diego. Drei Jahre später schrieb Dr. Wahlig das erste Buch über Juan Diego (vgl. Literaturangaben), und im Jahre 1974 gründete er ein Komitee für die Eröffnung des Seligsprechungsprozesses. Später präsentierte er dem Vizepostulator für die Causa Juan Diegos eine unschätzbare Dokumentation von 157 Seiten, die er in mühsamer Arbeit aus dem Ancient Manuscript Department der Public Library in New York (= Abteilung für alte Manuskripte in der öffentlichen Bücherei von New York) zusammengetragen hatte.

Juan Diegos Rolle als Vorbild für das Laienapostolat trat nie deutlicher zutage als heute. «Warum wurde ein so besonderer Liebling der Muttergottes, der eine so bedeutende Rolle in der Christenheit spielte, von der Kirche vernachlässigt», fragt Dr. Wahlig, «während andere, die weniger geleistet haben, geehrt wurden? Warum sollte das Bild von Juan Diego als ein integraler Bestandteil des heiligen Bildes verewigt werden, nur um mehr als 400 Jahre später entdeckt zu werden?[64] (Dr. Wahlig bezieht sich hier auf die erstaunliche Entdeckung der Bilder in den Augen des heiligen Bildes der Gottesmutter von Guadalupe, worüber im nächsten Kapitel ausführlich berichtet wird). Die Antwort auf dieses Geheimnis wird vielleicht die Zukunft mit sich bringen.»
Die Art und Weise, in welcher das Dekret über das Laienapostolat im II. Vatikanum formuliert wurde, vermittelt jedoch den Eindruck, dass die Konzilsväter dabei vielleicht an Juan Diego gedacht haben. Durch diesen geringen Bauern, den Ärmsten der Armen, tat Gott kund, dass jeder, ganz gleich welche Stellung oder welchen Rang er im Leben einnimmt, dem Anruf Gottes Antwort geben kann und mit der Gnade unter

der Führung des Heiligen Geistes Ergebnisse erzielen kann, die wahrhaft monumental sind. Die Mutter Gottes sagte zu Juan Diego: «Aber es ist ganz und gar notwendig, dass *du* es bist, der diese Aufgabe ausführt und dass durch deine Vermittlung und deine Hilfe mein Wunsch erfüllt wird.» Indem er diese Aufgabe übernahm, wurde Juan Diego das Vorbild aller Laienapostel.

Heute, inmitten so vieler bedrückender Schwierigkeiten, können wir lernen, vor allem Juan Diegos unermüdliche Geduld und Ausdauer nachzuahmen, im Vertrauen darauf, dass wir nicht unterliegen, wenn wir uns nur nach besten Kräften und Fähigkeiten dort einsetzen, wo Gott uns hinstellt. Gebet und Opfer haben dabei den Vorrang. «Es ist deshalb an euch, liebe Söhne», sagte Papst Paul VI., «bereit zu sein, grosszügig die Hilfe zu leisten, die von euch verlangt wird für die innere Erneuerung der Kirche, für die Wiedervereinigung aller Christen, und auch ein

Die neue Basilika mit dem riesigen Vorplatz.

Zeugnis der Nächstenliebe in der heutigen Welt zu geben, ‹damit die Welt glauben möge›.»[65]
Gewissermassen als Echo auf diese Worte sagte Dr. Wahlig, der selbst ein unermüdlicher Laienapostel ist: «Wenn das durch ein Wunder bewirkte Bild der allerseligsten Jungfrau Maria das Signal für den letzten Kampf der Frau mit der Schlange ist, dann ist auch die Einführung der Mitwirkung der Laien in dem Apostolat der Kirche, wie wir es in neuerer Zeit kennen, ein solches, vor allem das Apostolat, das durch die Vereinigung mit Maria angeregt wird. Guadalupe ist ein eindrucksvolles Beispiel für die Tatsache, dass Unsere Liebe Frau nicht allein wirken will, sondern sich menschlicher Werkzeuge bedient, die ihr ganz und gar in Liebe ergeben sind, um Mariens Werke zu erfüllen.»[66]

Die geliebte Basilika in Gefahr

Doch zurück zu unserem Bericht über die Wallfahrtskirche und das heilige Bild. Zu Anfang der siebziger Jahre unseres Jahrhunderts musste das mexikanische Volk mit Erschrecken vernehmen, dass seine so geliebte Basilika in Gefahr war einzustürzen. Man hatte lange beobachten können, dass der massive Bau sich langsam senkte. Als vor vielen Jahren die Seen in der Umgebung trocken gelegt wurden, blieb die untere Schicht sumpfig, was zur Folge hatte, dass viele grosse Gebäude nach und nach in den nassen weichen Lehm der alten Seenbetten zu sinken begannen. Ingenieure und Architekten haben Wunder gewirkt, indem sie Gebäude aus dem Boden hochwanden oder auf den Boden zurückwanden; doch trotz ihrer ganzen Erfindungskraft war es ihnen nicht möglich, das unablässige Absacken der Basilika zum Stillstand zu bringen.

Bau einer neuen Basilika

Schliesslich kam der mexikanische Präsident Eccheverria zu dem Entschluss, eine riesige neue Rundkirche nebenan bauen zu lassen, die das heilige Bild aufnehmen sollte.

Am 12. Oktober 1976 war der imposante neue Bau soweit fertiggestellt, dass das heilige Bild aus dem alten barocken Heiligtum in die neue Kirche überführt werden konnte. Die Kosten beliefen sich im Jahre 1975 auf 70 Millionen Dollar. Für etwa zehntausend Personen Sitzgelegenheit bietend, sollte der grosse Rundbau laut P. Manuel Ponce, Sekretär der Nationalkommission für sakrale Kunst in Mexiko, richtungweisend für Kirchenbauten sein und neue Massstäbe setzen. Verständlicherweise stiess der revolutionäre Entwurf des Baues auf viel Kritik.

Doch merkwürdig: sobald das neue Gotteshaus geöffnet wurde, hörte die alte Basilika zu sinken auf. Um diese Zeit erliess die Regierung ein Gesetz, dass alle mexikanischen Kirchen, die noch aus der Kolonialzeit stammten, in Museen für religiöse Kunst umgewandelt werden sollten, wobei die frühere Basilika die erste sein sollte. Es erhob sich aber solch ein Aufschrei, dass dieser Plan zurückgestellt werden musste, und bis zu der Zeit, da die englische Ausgabe dieses Buches erschien (1981), blieb das Gebäude geschlossen, um ein Volksbegehren, das die Rückführung des heiligen Bildes in sein vielgeliebtes, jahrhundertealtes Heim verlangte, zu verhindern.

Papst Johannes Paul II. besucht Guadalupe

Der grösste Tag in der langen Geschichte Guadalupes war aber sicher der 27. Januar 1979, als Papst Johannes Paul II. auf seinem Weg zu der Lateinameri-

Die neue Basilika von Guadalupe, die 1976 eingeweiht wurde.

kanischen Bischofskonferenz in Puebla das Heiligtum besuchte.

Als er dem in einem Blumenmeer prangenden Bild seine Huldigung erwies, erklärte der Papst: «Immer seit der Zeit, da der Indio Juan Diego mit der liebevollen Dame vom Tepeyac sprach, hast Du, Mutter von Guadalupe, einen entscheidenden Einfluss auf das christliche Leben des mexikanischen Volkes ausgeübt.» Und in der Tat, die Worte des Heiligen Vaters geben einer Wahrheit Ausdruck, die im ganzen Land deutlich sichtbar ist. Denn es gibt kaum ein Haus, in dem nicht das heilige Bild Unserer Lieben Frau von Guadalupe zu sehen ist, wo es täglich im Mittelpunkt der Familienfrömmigkeit und der Verehrung der Gottesmutter steht. Seine blosse Gegenwart verwandelt jedes Heim in ein Heiligtum, in welchem die Muttergottes auf einen jeden aus der Familie mit derselben himmlischen Schönheit und liebenden Zärtlichkeit herniederschaut, wie sie einst in das entzückte Gesicht von Juan Diego blickte. Zu allen spricht sie diese milden und überwältigenden Worte: «Bin ich denn nicht hier – deine Mutter?»

Gebet zu Unserer Lieben Frau von Guadalupe
von Papst Johannes Paul II.

Zur Erinnerung an das denkwürdige Ereignis seines Besuches verfasste Papst Johannes Paul II. das folgende Gebet zu Unserer Lieben Frau von Guadalupe:
«O unbefleckte jungfräuliche Mutter des wahren Gottes und Mutter der Kirche! Du, die Du von dieser Stätte aus Deine Güte und Dein Erbarmen kundtust für alle, die um Deinen Schutz bitten: höre das Gebet, das wir mit kindlichem Vertrauen an Dich richten, und bringe es vor Deinen Sohn Jesus, unseren einzigen Erlöser. Mutter der Barmherzigkeit, Lehrerin des verborgenen und stillen Opfers, Dir, die Du gekommen bist, um uns Sünder zu besuchen, weihen wir an diesem Tage unser ganzes Sein und unsere ganze Liebe. Wir weihen Dir auch unser Leben, unsere Arbeit, unsere Freuden, unsere Gebrechen und unsere Sorgen. Verleihe unseren Völkern Frieden, Gerechtigkeit und Wohlfahrt, denn wir übergeben Deiner Fürsorge, o Unsere Liebe Frau und unsere Mutter, alles was wir haben und was wir sind. Wir möchten ganz Dein eigen sein und zusammen mit Dir den Weg des vollkommenen Glaubens an Jesus Christus in seiner Kirche gehen. Halte uns immer an Deiner liebenden Hand.
Jungfrau von Guadalupe, Mutter beider Amerika, wir beten zu Dir für alle Bischöfe, dass sie die Gläubigen auf den Wegen eines christlichen Lebens, der Liebe und des demütigen Dienstes an Gott und den Seelen führen mögen. Blicke auf diese unermessliche Ernte und bitte den Herrn, dass er dem ganzen Gottesvolk

Hunger nach Heiligkeit eingeben möge. Verleihe eine reiche Fülle an Priester- und Ordensberufen, stark im Glauben und eifrige Ausspender der göttlichen Geheimnisse. Schenke unseren Familien die Gnade der Liebe und der Ehrfurcht vor dem Leben von seinen Anfängen an – dieselbe Liebe, mit welcher Du in Deinem Schosse das Leben des Gottessohnes empfangen hast.

Gebenedeite Jungfrau Maria, Mutter der Schönen Liebe, beschütze unsere Familien, damit sie stets eins seien, und segne die Erziehung unserer Kinder. Du unsere Hoffnung, blicke mit Erbarmen auf uns. Lehre uns, stets zu Jesus zu gehen. Hilf uns, wieder aufzustehen, wenn wir fallen, um zu Ihm zurückzukehren, indem wir unsere Fehler und Sünden im Sakrament der Busse bekennen, das der Seele Frieden gibt. Wir bitten Dich, uns eine grosse Liebe zu allen heiligen Sakramenten zu schenken, welche die Zeichen sind, die Dein Sohn auf Erden hinterlassen hat. So werden wir, heiligste Mutter, mit dem Frieden Gottes im Gewissen, mit einem Herzen frei vom Bösen und Hass, allen wahre Freude und wahren Frieden bringen können, den wir von Deinem Sohn, unserem Herrn Jesus Christus, empfangen, der mit Gott dem Vater und dem Heiligen Geist lebt und herrscht von Ewigkeit zu Ewigkeit. Amen.»

«Nichts Schöneres und Liebenswerteres
als dieses Bild»

Im Spätjahr 1979 gab es in Guadalupe für die Pilger englischer Sprache ein ganz besonderes Ereignis. Ein paar Jahre zuvor war in der Nähe der Wallfahrtskirche von Helen Behrens für alle englischsprachigen Besucher ein Center gegründet worden, das aber nach ihrem Tode wieder geschlossen wurde. Am

Innenansicht
der neuen Basilika
mit Hauptaltar.

16. Juni 1979 jedoch beschloss die Konferenz der «Queen of the Americas Guild» am Schrein der heiligen Elizabeth Seton in Emmitsburg/Maryland (USA), sich zu bemühen, erneut ein solches Center in Guadalupe zu gründen, um den Pilgern ein tieferes Verständnis für das Wunder und die Botschaft von Guadalupe zu vermitteln. Hatte doch die Muttergottes alle ihres Schutzes versichert – «alle, die in diesem Lande wohnen und für alle Menschen...die mich lieben.» Das Projekt fand die Unterstützung von achtzig Bischöfen der USA und von einer grossen Zahl prominenter Katholiken des Landes. Bischof Jerome Hastrich, der Präsident der Gilde, und John Haffert, der geschäftsführende Sekretär (und Delegierter der Blauen Armee Unserer Lieben Frau von Fatima), wurden mit der Ausführung des Projektes betraut. Kardinal Corripio von Mexiko-Stadt wurde Mitglied des zeitweiligen Komitees. Er berichtet, dass Papst Johannes Paul II. bei einem Besuch im Mexikanischen Kolleg in Rom vor einem Gemälde des heiligen Bildes gesagt habe: «Ich fühle mich hingezogen zu diesem Bild Unserer Lieben Frau von Guadalupe, weil ihr Antlitz so voller Güte und Schlichtheit ist...es spricht mich an.»

In stets zunehmender Zahl kommen Pilger aus England, Irland, Australien, Neuseeland und aus vielen anderen englischsprachigen Gebieten zu dem heiligen Bild. Ihnen allen wird das neue Center zur Verfügung stehen. Man kann sicher sein, dass die Gottesmutter dem neuen Center ihren Segen gibt, damit die von weither kommenden Besucher gut untergebracht sind und ein tieferes Verständnis von der Bedeutung ihres Bildes erlangen und ihre Gegenwart dort spüren. Mit kurzen und treffenden Worten sagte der bekannte Jesuit und Dichter Pater Abed: «Qua neque amabilius quidquam est ne pulchrius orbe» – «Es gibt nichts Schöneres oder Liebenswerteres auf der Welt als dieses Bild.»

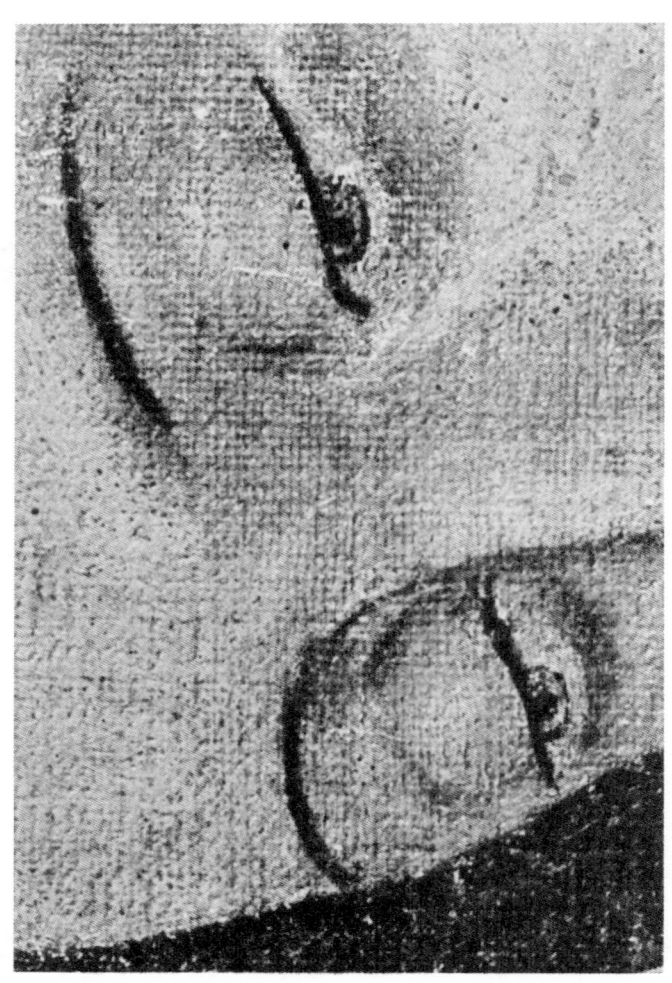

Die Augen sind gesenkt, doch die Pupillen sind deutlich zu sehen.

154

7. Kapitel

Das Urteil der Wissenschaft

Bevor wir uns mit den erstaunlichen Beweisen befassen, die den übernatürlichen Ursprung des heiligen Bildes bestätigen, müssen wir das Material näher betrachten, auf welchem es erscheint. Die Tilma war ein allgemein übliches Obergewand für Männer, das vorn wie eine lange Schürze getragen wurde und häufig dazu diente, alles mögliche darin zu tragen und zu befördern. Manchmal wurde es auch wie ein Mantel um die Schultern gehängt. Für die verschiedenen Klassen der aztekischen Gesellschaft waren sieben verschiedene Arten von Gewändern in Gebrauch. Die oberen Klassen trugen eine Tilma aus Baumwollstoff, die über der rechten Schulter geknüpft wurde. Die Mittelschicht, zu welcher Juan Diego zu zählen ist, trug eine Tilma aus Agave, einem groben Fabrikat, das aus den Fasern der Maguey-Pflanze gewonnen wurde. Die Tilma wurde über der linken Schulter geknüpft und hatte die Farbe ungebleichten Leinens. Die unteren Schichten knüpften das Gewand hinten im Nacken, so dass es zum Tragen von Gegenständen dienen konnte.

Die Tilma von Juan Diego besteht aus zwei in der Mitte zusammengenähten geraden Längsteilen aus Agave. Sie ist so grob gewoben, dass sie, aus der Nähe betrachtet, fast durchsichtig erscheint. Im 16. Jahrhundert wurde das Gewand auf die Masse des Bildes zugeschnitten, das 167,64 cm auf 94,14 cm gross ist. Die Gestalt der Gottesmutter hat die Grösse von 142,24 cm. Wie Coley Taylor bemerkte, erscheint das Bild jedoch aus der Entfernung grösser, was an unbekannten Eigenschaften der Oberseite liegt, wodurch das Licht reflektiert wird. Der Kopf der Gottesmutter ist anmutig nach rechts geneigt, als ob dies genau vorbedacht wäre, und weicht so der Mittelnaht aus, die sonst das Gesicht entstellen würde. Die Augen sind gesenkt, doch die Pupillen sind deutlich zu sehen. Wie schon gesagt, sehen sie aus, als ob sie voller Leben wären. Insgesamt sind die Gesichtszüge von einer unvergleichlichen Zartheit und übernatürlichen Lieblichkeit, die Worte allein nicht wiederzugeben vermögen.

Bisher ist es noch nie möglich gewesen, eine genaue Reproduktion des wunderbaren Bildes zu erlangen — weder mit dem Pinsel noch mit der Kamera. Kopien, wie sorgfältig sie auch ausgeführt sein mögen, können nicht den unaussprechlichen Liebreiz des Ausdrucks der Gottesmutter und die auserlesen feine Formung ihrer Augen und Lippen wiedergeben.

Sie können auch nicht das geheimnisvolle Spiel der Farben wiedergeben, das an dem Bild zu beobachten ist und worauf wir später noch zurückkommen werden. Im Jahre 1666 schrieb Professor Tanco Becerra: «Die grossen Meister der Malkunst bekennen... dass die Schönheit des Antlitzes von so demütiger Freude menschlich unnachahmlich ist.» Hundert Jahre später schrieb der grosse mexikanische Maler Ibarra: «Kein Maler wurde je gefunden, der fähig ist, das Bild Unserer Lieben Frau von Guadalupe zu zeichnen oder abzumalen. Seine einzigartige Einmaligkeit beweist, dass das Bild nicht eine Erfindung menschlicher Kunst, sondern des Allmächtigen ist.»[67]

In den letzten paar Jahrzehnten wurden beträchtliche Anstrengungen gemacht, um eine genaue fotografische Reproduktion des heiligen Bildes mit Hilfe der raffiniertesten Kamera-Ausrüstungen und Beleuchtungstechniken zu produzieren. Doch die besten Ergebnisse, die sich je erzielen liessen, waren lediglich Zerrbilder im Vergleich zu der beispiellosen Schönheit des von Leben glühenden Originals. Das Höchste, was man allenfalls von den Millionen in Umlauf befindlichen Kopien sagen kann, ist, dass sie einen an das Original erinnern. Nach allgemeiner Übereinstimmung ist die am wenigsten unvollkommene Kopie jene im U.S. National Shrine of Our Lady of the Americas in Allentown, Pennsylvania (USA).

Wir haben schon bemerkt, dass die Lebensdauer der Agavefaser ungefähr zwanzig Jahre beträgt. Doch nach vierhundertfünfzig Jahren weist die Tilma noch nicht das geringste Zeichen des Verfalls auf. Ihre Farben sind nach wie vor lebendig und frisch, so wie sie waren, als sie sich vor den erstaunten Blicken von Bischof Zumárraga materialisierten – und dies trotz der Tatsache, dass mehr als ein Jahrhundert lang das heilige Bild nicht einmal mit einem Glasschutz versehen in einer feuchten, offen-fenstrigen Kapelle von der Grösse eines durchschnittlichen Wohnzimmers hing, wo es direkt und unablässig Rauch, Weihrauch, Duftkerzen und den unzähligen Votivkerzen ausgesetzt war, die darunter brannten.

Besonders der Rauch von Wachskerzen wirkt bekanntlich zerstörerisch, da er zersetzende Kohlenwasserstoffe und Russ enthält. Der Schmutz, der sich auf so engem Raum ansammelte, hätte das Bild bis zur Unkenntlichkeit schwärzen müssen. Man braucht nur an die rauchgeschwärzten Felsen der Lourdesgrotte zu denken, die allem Wind und Wetter offensteht, um sich eine Vorstellung von der Verschmutzung zu machen, welcher das heilige Bild während jener frühen Jahre ausgesetzt war. Aber dennoch hat es zur Verwunderung aller seine einstige Schönheit und bezaubernde Frische bewahrt.

Professor Philip Callahan, Biophysiker an der Universität Florida, der das Bild im Jahre 1979 untersuchte, bemerkte in seinem Bericht, er habe einmal aus der Nähe mehr als sechshundert Mikrowatt ultraviolettes Licht von einer einzigen Votivkerze gemessen. Vervielfältigt man dies hunderttausende von Malen oder öfter, so haben wir die Toleranzgrenze für alles überschritten. Er schrieb: «Zu starkes ultraviolettes Licht bleicht die meisten Farbpigmente aus, seien sie organisch oder anorganisch; vor allem blaue verblassen.» Doch das heilige Bild scheint unzerstörbar zu sein, als wäre es gegen die meisten Schäden immun, die ihm durch menschliches Unverständnis zugefügt werden. In den letzten Jahren zum Beispiel, da es ungeschützt in der feuchten Steinkapelle auf dem Tepeyac hing, wurde es von buchstäblich Millionen von liebenden Händen und Lippen berührt. Es ist genau wie bei dem Felsen in der Grotte von Lourdes, der ganz abgenützt ist. Männer berührten es mit ihren Schwertern, Frauen mit ihren Schmuckstücken. Andere taten ihrer Liebe keinen Zwang an und fassten das empfindliche Material mit den Händen an und streichelten es in leidenschaftlicher Verehrung, als ob das Bild lebendig wäre. Zahllose Kranke legten die Tilma auf ihren kranken oder versehrten Körper, und viele begeisterte Verehrer entfernten heimlich Fäden aus dem Gewand und nahmen sie als unschätzbare Reliquie mit sich. Selbst nachdem eine Schutzscheibe aus Glas vor dem heiligen Bild angebracht worden war, musste diese von Zeit zu Zeit immer wieder entfernt werden, um der Bitte Tausender glühender Verehrer Genüge zu tun, die sich danach sehnten, es nur noch ein einziges Mal berühren zu dürfen oder das schöne Antlitz zu küssen. Im Jahre 1753 berichtete Miguel Cabrera, er habe bei einer Gelegenheit gesehen, wie es innerhalb zweier Stunden fünfhundertmal mit verschiedenen Gegenständen berührt wurde. Die ausserordentliche Zartheit der Tilma ist unmittelbar aus dem einzigen dünnen Baumwollfaden ersichtlich, der in der Mitte die zwei Stücke aus Agave zusammenhält. «Dieser schwache Faden hat seit mehr als zweihundert Jahren der natürlichen Schwerkraft Widerstand geleistet und dem Gewicht der zwei Teile standgehalten, die es zusammenhält und die selbst aus viel gröberem und schwererem Stoff sind», sagte Cabrera.[68]

Die Umgebung des Tepeyac war und ist noch jetzt alles andere als ideal für die Erhaltung irgendeines Kunstwerkes. Das Gebiet ist den Winden ausgesetzt, die häufig voller Feuchtigkeit sind und Staub mit sich tragen. Das nicht trockengelegte Marschland, das Mexiko-Stadt Jahrhunderte lang umgab, schwitzte einen ätzenden Dampf aus, der sich in alles hineinfrass, selbst in Steinbauten und Zement. «Es ist aller Bewunderung wert», schrieb Pater Lee, «dass allein die zerbrechliche Tilma den alles durchdringenden schädlichen Stoffen standgehalten haben sollte. Der Gipfel dieses Wunders aber ist, dass die herrlichen Farben in ihrer ganzen wunderbaren Frische erhalten geblieben sind.»[69]

Diese dauerhaften Eigenschaften des heiligen Bildes haben mehr als einen Rationalisten bewogen, sich vor den übernatürlichen Beweisen zu beugen, denen er sich gegenübersieht. Im Jahre 1976 zum Beispiel bat ein ungläubiger Architekt namens Ramirez Vasquez, der mit dem Entwurf der neuen Basilika beauftragt worden war, um die Genehmigung, das heilige Bild zu untersuchen. Er untersuchte es so gründlich, dass er katholisch wurde.

Eine Bombe explodiert unter dem Bild

Ein weiterer Faktor, der auf den übernatürlichen Ursprung des heiligen Bildes hinweist, ist seine unerklärliche Bewahrung in verschiedenen Unfällen, die es im Laufe der Jahrhunderte bedroht haben. So vergoss im Jahre 1791 ein Arbeiter, der den goldenen und silbernen Rahmen des Bildes putzte, aus Ungeschick eine Flasche Salpetersäure über das Bild. Statt

159

das empfindliche Gewebe zu zerstören, hinterliess die Säure zu des Arbeiters sprachloser Erleichterung nur einen kaum wahrnehmbaren Wasserfleck auf dem Material.

Einen sogar noch dramatischeren Schutz erfuhr das heilige Bild während der Kirchenverfolgung in Mexiko in den zwanziger Jahren unseres Jahrhunderts unter dem despotischen Regime von Plutarco Calles. Kirchen wurden geschlossen, viele Priester und Ordensfrauen erlitten den Martertod, unter anderen der heiligmässige Pater Miguel Pro, der unter den Schüssen mit dem Ausruf fiel: «Es lebe Christus der König!» Doch das Regime wagte nicht, die geliebte Wallfahrtskirche Unserer Lieben Frau von Guadalupe zu schliessen, aus Furcht, sich damit einen Schlag ins eigene Gesicht zu versetzen. Statt dessen gingen sie mit diabolischer Strategie vor und versuchten, dem Glauben des mexikanischen Volkes das Herz auszureissen. Am 14. November 1921 wurde eine starke Zeitbombe in einer grossen Vase mit Blumen versteckt und unmittelbar unter das heilige Bild gestellt.

Um 10.30 Uhr morgens explodierte die Bombe mit einem überwältigenden Krach während des Hochamtes, riss Stücke aus dem Marmor und dem Mauerwerk des Heiligtums und zertrümmerte die herrlichen Glasfenster der Basilika. Ein schweres eisernes Kreuz auf dem verwüsteten Altar wurde derart verbogen, als ob es aus Pappe wäre. Doch als die Rauch- und Staubwolke sich gelegt hatte, sahen die erschrockenen Priester, die zelebrierten, und die Gläubigen, von denen keiner ernstlich verletzt worden war, zu ihrer grossen Erleichterung, dass das kostbare Bild völlig unversehrt geblieben war. Selbst das dünne Schutzglas war nicht einmal gesprungen, so als ob ein unsichtbarer Arm die ungeheure Explosion abgewehrt hätte.

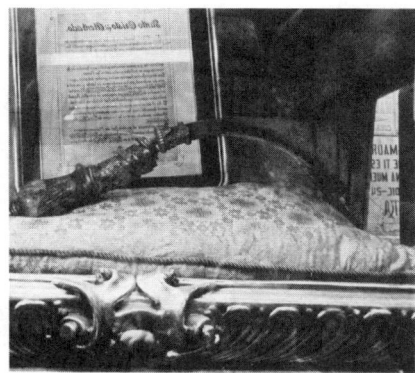

Die Bombe, die das Bild U.L.Frau von Guadalupe zerstören sollte, verbog ein Kruzifix, doch zersplitterte nicht einmal das Glas des berühmten Bildes. Das Kruzifix ist in dem Vorraum ausgestellt, der zur Sakramentskapelle führt.

Als die Christenverfolgungen aufgehört hatten, wurde das himmlische Bild hinter kugelsicherem Glas eingefasst und eine eigene Sühnekapelle für das allerheiligste Altarsakrament eröffnet, um für diese und andere Gewalttaten des Calles-Regimes Sühne zu leisten. Das verbogene Eisenkreuz wurde nebenan in einem Glasschrank ausgestellt, um die Pilger an den wunderbaren Schutz zu erinnern, den das heilige Bild bei jener heftigen Druckwelle erfahren hatte.

«Unsere Liebe Frau wird sehr geliebt in der Basilika von Guadalupe», sagte Pater Henry F. Unger, «doch ihr Sohn wird dabei sicher nicht vergessen. Der anhaltende Strom von Mexikanern in die Sühnekapelle ist Zeugnis für diese Tatsache. Aus dem Bösen, das in der Basilika von Mexiko-Stadt verübt wurde und eigentlich der Mutter Gottes galt, ist eine glorreiche Kapelle zur täglichen Sühne entstanden, zur Tröstung des eucharistischen Herrn dort an der Stelle, wo Juan Diego zuerst die gebenedeite Muttergottes sah.»[70]

Der übernatürliche Ursprung des Bildes

Die Jahrhunderte hindurch wurde das heilige Bild einer Vielzahl von eingehenden Prüfungen und gründlichen Untersuchungen durch Kunstexperten und Wissenschaftler unterzogen, um zu entscheiden, ob es irgendeine mögliche natürliche Erklärung für seine Existenz gebe. Doch bis heute haben alle Untersuchungen, ob mit Mikroskopen, Infrarotstrahlung oder computer-vergrösserten Fotografien, auf seinen übernatürlichen Ursprung hingewiesen. Infrarotstrahlungs-Fotografien sind ganz besonders aufschlussreich, da sie Pinselstriche entlarven, Malkorrekturen aufdecken können, und, was besonders wichtig ist, das Vorhandensein einer früheren darunterliegenden Skizze blosslegen, eine wesentliche Vorbedingung für fast alle Malarten.

Im Jahre 1936 wurde ein in Mexiko lebender deutscher Professor, Fritz Hahn, von seiner Regierung zu den Olympischen Spielen in Berlin eingeladen. Kurz bevor er nach Europa abreiste, wurden ihm durch Dr. Ernesto Pallanes zwei Fasern – eine rote und eine gelbe – von dem heiligen Bild übergeben. Dr. Pallanes hatte diese von dem Bischof von Saltillo erhalten, der sie selbst von Don Feliciano Echevarria, einem Priester der Basilika, für ein Reliquiar bekommen hatte. Zusammen mit den zwei Fasern nahm Professor Hahn von Professor Marcelino Junco, einem emeritierten Professor für organische Chemie an der National-Universität von Mexiko, ein Empfehlungsschreiben an Professor Richard Kuhn mit, den deutschen Nobelpreisträger für Chemie. Professor Kuhn war Direktor der chemischen Abteilung am Kaiser-Wilhelm-Institut in Heidelberg. Er untersuchte die Fasern mit gewohnter Gründlichkeit und verkündete dann das Unglaubliche: Es befand sich keinerlei Farbe auf und in den Fasern. Die Materialien, die benutzt wurden, um das, was wie Farbe aussah, hervorzubringen, sind der Wissenschaft unbekannt. Es sind weder tierische, pflanzliche noch mineralische Farbstoffe. Die Verwendung von synthetischen Farben wurde ausgeschlossen, da diese erst dreihundert Jahre *nach* der Entstehung des heiligen Bildes entwickelt wurden.

Die Hypothese, dass das heilige Bild ein Gemälde sei, wurde erneut als nicht zutreffend abgetan, als im Jahre 1946 eine mikroskopische Untersuchung nachwies, dass keine Pinselstriche vorhanden waren. Es gab auch keinerlei Anzeichen für die übliche Signatur eines Künstlers in der unteren rechten Ecke des Bildes. Im Jahre 1954 und erneut im Jahre 1966 führte der mexikanische Professor Francisco Camps Ribera eine erschöpfende Untersuchung des heiligen Bildes durch und kam zu demselben Ergebnis. Wenn also das Bild keine Malerei ist – was ist es dann? Die Materialzusammensetzung müsste irgendwie bestimmt werden können, da man es sehen und greifen kann. Wenn es aber übernatürlichen Ursprungs ist – wie sollte man es dann in der materiellen Welt mit Begriffen der Naturwissenschaft ausdrücken können?

Im Auge des Bildes spiegeln sich Personen wider

Schon im Jahre 1929 machte ein Berufsfotograf namens Alfonso Gonzales eine mehrfache Vergrösserung des heiligen Bildes und entdeckte zu seiner Verblüffung in den Augen des Bildes Unserer Lieben Frau etwas, was ein menschliches Gesicht zu sein schien. Seine Entdeckung wurde geheimgehalten, bis weitere Untersuchungen erfolgt wären. Die Folgerungen aus seiner Entdeckung machten aber bei den zuständigen Stellen keinen besonderen Eindruck, und schliesslich wurde die Angelegenheit zu den Akten gelegt und vergessen.

Am 29. Mai 1951 untersuchte ein Grafiker namens S. Carlos Salinas Chavas eine grosse Fotografie des Gesichtes des heiligen Bildes unter einem starken Vergrösserungsglas. Als das Glas über die Pupille des rechten Auges wanderte, war er plötzlich überrascht, die Gesichtszüge und das Brustbild eines bärtigen Mannes zu sehen. Das Phänomen veranlasste den Erzbischof von Mexiko-Stadt, Luis Marie Marti-

Im Griff der Schere das Gesicht von Juan Diego. Das älteste bekannte Gemälde von Juan Diego hat auffallende Ähnlichkeit mit dem Gesicht, das im Auge der Gottesmutter auf ihrem Bild von Guadalupe zu sehen ist.

164

nez, eine Sonder-Forschungskommission einzuberufen. Die Entdeckung wurde bestätigt, und am 11. Dezember 1955 wurde sie öffentlich bekanntgegeben, zusammen mit der dramatischen Eröffnung, dass das Gesicht des Menschen, das im Auge des heiligen Bildes zu sehen war, nach einem zeitgenössischen Gemälde mit Bestimmtheit als das von Juan Diego identifiziert werden konnte. Im folgenden Juli untersuchten zwei Augenärzte, Dr. Javier Torroello Bueno und Rafael Torifa Lavoignet, erneut gründlich die Augen des heiligen Bildes, zunächst ohne Vergrösserungsglas.

Das älteste bekannte Gemälde von Juan Diego, das auffallende Ähnlichkeit mit dem Gesicht hat, das sich im Auge U.L.Frau von Guadalupe widerspiegelt.

Dr. Lavoignet sagte später zu Bruder Bruno Bonnet-Eymard: «Gewisse Einzelheiten überraschten mich, vor allem die Lichtreflexe.» Der Arzt untersuchte dann noch einmal die Augen gründlich mit einem starken Vergrösserungsglas. «Ich wusste, dass das Brustbild eines Mannes in den Augen der Guadalupana entdeckt worden war», sagte er zu Bruder Bruno. «Ich untersuchte mit grösster Sorgfalt, und tatsächlich bemerkte ich, dass ein Brustbild eines Mannes in der Hornhaut beider Augen zu sehen ist. Ich schaute zuerst das rechte und dann das linke Auge an. Ich war überrascht und dachte, dass es notwendig wäre, die Tatsache mit wissenschaftlichen Methoden zu untersuchen.»

Am 23. Juli 1956 nahm Dr. Lavoignet eine peinlich genaue Untersuchung der Augen mit einem Augenspiegel vor. «In der Hornhaut der Augen ist ein menschliches Brustbild zu sehen», sagte er zu Bruder Bruno. «Die Verzerrung und die Stelle des optischen Bildes stimmen mit dem überein, was in einem normalen Auge produziert wird. Wenn das Licht des Augenspiegels auf die Pupille eines menschlichen Auges gerichtet wird, ist ein Lichtreflex zu sehen, der in dem äusseren Kreis aufscheint. Wenn man diesen Reflexen nachgeht und die Linsen des Augenspiegels entsprechend auswechselt, ist es möglich, hinten im Auge ein Bild zu erhalten. Wenn das Licht des Augenspiegels auf die Pupille des Auges der Gottesmutter auf dem Bilde gerichtet wird, erscheint derselbe Lichtreflex. Infolge des Reflexes leuchtet die Pupille in einem diffusen Licht auf und erweckt den Eindruck eines Hohlreliefs. Dieser Reflex kann unmöglich auf einer flachen Oberfläche erzielt werden, zumal nicht auf einer, die opak (undurchsichtig) ist, wie es bei diesem Bild der Fall ist. Dann untersuchte ich mit Hilfe eines Augenspiegels die Augen auf Fotografien von verschiedenen Leuten. Auf keinem einzigen war der geringste Reflex in den Augen zu sehen, wohingegen die Augen der allerseligsten Jungfrau von Guadalupe den Eindruck machen, lebendig zu sein.»

Bei der Fortsetzung dieses faszinierenden Berichts können wir nichts besseres tun, als Bruder Bruno selbst zu Wort kommen zu lassen: «Es sieht ganz so aus, als ob ein Lichtstrahl in eine Höhle einfalle und einen volumetrischen Augapfel (das heisst den Rauminhalt eines Augapfels) ausfülle, der von innen heraus ein diffuses Licht ausstrahlt. Ich machte das Experiment selbst mit einem Augenspiegel. Das bronzefarbene oder haselnussfarbene Auge der allerseligsten Jungfrau leuchtet auf, und auf der Oberfläche leuchtet ganz deutlich der Umriss eines menschlichen Brustbildes. Der Kopf ist in einer Dreiviertelwendung nach rechts zu der Jungfrau hingewandt und leicht vorgeneigt. Die Brust ist durch die Bewegung der Arme eingerahmt, die nach vorn gerichtet sind, als ob sie etwas vorzeigen. Das ganze geschah, als ob im Moment, da das Bild auf der Tilma entstand, ein Mann, der gegenüber der allerseligsten Jungfrau stand und sich in der Hornhaut ihres Auges widerspiegelt, selbst in dieser indirekten Weise fotografiert worden wäre.»

«Das ist aber noch nicht alles», fuhr Bruder Bruno fort. «Das Bild dieser Büste weist eine Verzerrung in genauer Übereinstimmung mit den Gesetzen einer solchen Widerspiegelung bei einem lebenden Menschen auf.» Ein anderer Arzt, Dr. Javier Torroella Bueno, bemerkte im Jahre 1979 gegenüber Bruder Bruno: «Wenn wir ein quadratisches Stück Papier nehmen und es vor die Augen halten, stellen wir fest, dass die Hornhaut nicht flach und auch nicht kugelförmig ist, denn es entsteht eine Verzerrung des Bildes, was durch eine Funktion auf die Stelle der Hornhaut entsteht, wo es sich widerspiegelt. Wenn weiterhin das Papier in einen bestimmten Abstand gerückt wird, wird es auch in dem entgegengesetzten Winkel des anderen Auges reflektiert, das heisst: wenn ein Bild sich in der Schläfenseite des rechten

Auges widerspiegelt, wird es im linken Auge an der Nasenseite widergespiegelt. Das Experiment wird in unserem Bild auf umgekehrte Weise bestätigt: Die Umrisse desselben bärtigen Mannes sind in der Nasenseite des rechten Auges reflektiert und erscheinen auch in der Schläfenseite des linken Auges. Die Verzerrung des reflektierten Bildes ist sogar noch auffälliger, denn es gehorcht dabei vollkommen den Gesetzen der Krümmung der Hornhaut.»

Wie ein zur Aufnahme bereiter Farbfilm

Wie vorauszusehen war, schlug in Mexiko die Neuigkeit wie eine Bombe ein. Das Mysterium konnte von allen, die sich die Mühe machten, untersucht und erforscht werden. Die Verzerrung und Dissymmetrie der beiden Bilder stimmen genau mit den Gesetzen der Optik überein. Hierdurch wird also jede Erklärung von der Hand gewiesen, der Betrachter sei das Opfer eines subjektiven Eindrucks, sei es durch Zufall oder durch eine Eigenschaft des Textils. Es war, als ob Juan Diegos Tilma ein zur Aufnahme bereiter Farbfilm gewesen wäre, der die Gottesmutter, obwohl dem menschlichen Auge nicht sichtbar, genau in dem Augenblick fotografiert hätte, als Juan Diego sich in ihren Augen spiegelte. Eine unglaubliche Tatsache, die mehr als vierhundertfünfzig Jahre lang verborgen war und endlich durch die moderne Wissenschaft ans Licht kam und bestätigt wurde.

Der ausserordentlichen Entdeckung folgte im Jahre 1962 eine weitere aufregende Entdeckung. Der Augenarzt Dr. C. Wahlig und seine Frau Isabelle, eine Optikerin, untersuchten eine fünfundzwanzigfach vergrösserte Fotografie des heiligen Bildes und fanden nicht nur zwei weitere Gesichter in den Augen reflektiert, sondern durch Anwendung des Gesetzes

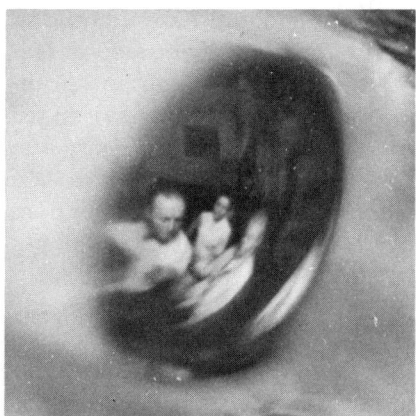

Dr. Wahlig, seine Tochter Carol und seine Frau, die für die Bildwiderspiegelungen posieren. Alle drei sind im Auge von Mrs. Mary Gebhardt, geb. Wahlig, zu sehen. Man beachte, wie das Auge die Bilder seitenverkehrt widerspiegelt.

der Reflexe in konvexen Spiegeln war es ihnen möglich, die genauen Umstände, unter denen das himmlische Bild zustande kam, zu rekonstruieren. In einem Bericht vom September 1963 erklärte Dr. Wahlig: «Die Hornhaut wirkt wie ein konvexer Spiegel mit einem Radius von 7,5 mm, mit leichten Abweichungen von Mensch zu Mensch. Unser Schwiegersohn Edward Gebhard hat grosse Erfahrungen mit fotografischen Techniken und schlug zwei Möglichkeiten für eine Reproduktion vor. Die erste war, das Auge aus der Nähe zu fotografieren und deutlich sichtbare Widerspiegelungen von Leuten zu erhalten, die vor dem Auge stehen. Die zweite Methode war, eine Person aus einer Entfernung von wenigen Metern zu fotografieren und dann die Fotografie zu vergrössern, bis das Auge das ganze Bild ausfüllte. Danach sollten die Widerspiegelungen der Leute studiert werden, die gegenüber der Person standen, deren Augen fotografiert worden waren. Wir entschlossen uns, das erste Bild nach der ersten Methode zu machen. Mit einer Kamera, die besonders für Nahaufnahmen konstruiert war, machten wir Bilder von unserer Familie, die so postiert war, wie es nach unserer Ansicht entsprechend den Abbildungen in den Augen der Gottesmutter bei der Originalszene der Fall war. Unsere Tochter Mary nahm die Stelle der Gottesmutter ein. Es ist ihr Auge, das auf den Bildern fotografiert ist. Meine Frau, ich und unsere Widerspiegelungen erscheinen in der Hornhaut ihres Auges, wie auf den beigefügten Fotografien zu sehen ist.

Zu der Zeit, als Juan Diego dem Bischof die Blumen übergab, war Unsere Liebe Frau tatsächlich in dem Raum anwesend, wollte aber unsichtbar bleiben. Statt dessen wollte sie ein sichtbares, andauerndes Zeichen ihrer Gegenwart auf Juan Diegos Überwurf hinterlassen, ein authentisches Bild ihrer selbst, wie sie dastand und die Szene betrachtete. Das Bild ist in jeder Einzelheit perfekt bis hin zu den Widerspiegelungen von Juan Diego und weiteren Personen in ihren Augen, die neben ihm stehen, und einer weiteren Person, die anscheinend über seine Schulter schaut. Aus der Haltung von Juan Diego und den zwei ande-

ren Personen ist anzunehmen, dass sie sich der Anwesenheit der allerseligsten Jungfrau nicht bewusst
waren. Die zwei schauen anscheinend zu Juan Diego,
und dieser, so darf man annehmen, schaut den Bischof an.»
Hier muss bemerkt werden, dass es keinen wissenschaftlichen Nachweis über Augenreflexe gab, bis v.
Helmholtz sie einwandfrei in einer grossen Abhand-
lung über das Auge bestätigte, die er in den achtziger
Jahren des 19. Jahrhunderts veröffentlichte.[71] Da es
nicht möglich war, die Widerspiegelungen bis zur Erfindung des Fotoapparates einzufangen, sehen wir
uns einem wissenschaftlich unerklärlichen Phänomen gegenüber – denn wer könnte im Jahre 1531 davon gewusst haben (und Gebrauch davon gemacht
haben)?
Dr. Wahlig fährt in seinem Bericht fort: «Es ist viel
darüber diskutiert worden, weshalb die Original-Ver-
grösserungen nur von dem rechten Auge des Bildes
der Gottesmutter gemacht wurden. Widerspiegelungen eines Objektes sollten ja gleicherweise in beiden
Augen erscheinen. Es könnte jedoch sein und ist
auch tatsächlich so, dass es physikalische Umstände
gibt, die verhindern, dass sie in beiden Augen gleich
sind. Tatsächlich gibt es Abweichungen bei den Widerspiegelungen in den beiden Augen des heiligen
Bildes, was an dem Gewebe des Stoffes liegt wie z.B.
an Abweichungen in dem Gewebe (Webfehler) und
Unebenheiten in dem Stoff selbst. Aus praktischen
Gründen wurden die Widerspiegelungen in dem
rechten Auge verwendet, da sie besser ausgebildet
sind als jene in ihrem linken Auge.»[72]
Dr. Wahlig bestätigte dankbar die Mitarbeit einer
grossen Zahl bedeutender Spezialisten bei diesem
technisch schwierigen Experiment. Es gehörten
dazu: Dr. Francis T. Avignone, ein praktischer Brillen-
optiker und früherer Lektor für praktische Optik und

171

Optometrie an der Columbia Universität; Mr. Edward Gebhard, Fernsehingenieur bei der National Broadcasting Company, der die Fotoaufnahmen machte; Dr. phil. Michael Wahlig, sein Sohn; Dr. med. Alexander Wahlig, sein Bruder, Augenchirurg; der verstorbene Dr. med. H.G. Noyes, Facharzt für Augenheilkunde und vormaliger Lektor für wissenschaftliche Augenkunde an der Columbia Universität, New York; Dr. phil. Glen Fry, Beauftragter für optische Entwicklungen für die amerikanische Regierung während des zweiten Weltkrieges; Dr. Italo Mannelli, Professor für Physik und Fakultätsdekan an der Universität Pisa, Italien, und Dr. Wahligs Frau, Bakkalaureus und erfahrene Optikerin.

Bald nach diesen Entdeckungen wurde die zweite Gestalt, die sich in den Augen der Muttergottes widerspiegelte, versuchsweise als Juan Gonzales identifiziert, der Dolmetsch, der neben Juan Diego stand, als dieser seine Tilma vor Bischof Zumárraga ausbreitete. Diese Identifikation wurde durch die Wiederauffindung eines lange verschollenen Gemäldes im Jahre 1960 möglich, das das Wunder schildert, bei dem der tote Mann wieder lebendig wurde. Das Bild, das 1533 von drei Künstlern gemalt wurde, die mit den Hauptpersonen der Guadalupe-Geschichte persönlich bekannt und also in der Lage waren, ein getreues Bild von ihnen zu malen, wurde 1960 bei der Restaurierung der alten Kirche aus dem Jahre 1622 hinter dem Altar entdeckt.

Die Entdeckung war in mehr als nur einer Hinsicht von Bedeutung, da in Mexiko eine Theorie kursierte, die drei Bilder in den Augen der Gottesmutter zeigten alle Juan Diego, wobei das dritte Bild durch Inversion (Umstellung) in Übereinstimmung mit dem Purkenje-Sanson-Gesetz der optischen Physiologie entstanden sei. Dass das zweite Bild im rechten Auge eine starke Ähnlichkeit mit Juan Gonzales aufweist, wird sofort klar, wenn es mit einem starken Vergrösserungsglas betrachtet wird. Obwohl das dritte Bild sehr undeutlich ist, trägt es sehr deutliche Züge von Bischof Ramirez y Fuenleal, der sich, wie mit Sicherheit feststeht, zu der Zeit in dem Raum aufhielt.[73]

Wie Dr. Wahlig erklärte, war es von ganz besonderer Bedeutung, dass dieses Gemälde zu genau diesem Zeitpunkt ans Licht kam. Er schreibt: «Es war, als ob es Teil eines Planes wäre, das Bild der Gottesmutter allen Menschen unserer Zeit als ein wissenschaftlich nachgewiesenes übernatürliches Phänomen vor Augen zu führen. Als im Jahre 1962 die Untersuchungen an den Widerspiegelungen in den Augen des Gemäldes der Gottesmutter durchgeführt wurden, lieferte das zwei Jahre zuvor wiederaufgefundene Gemälde von 1533 ein zuverlässiges Medium zur Identifizierung...»

Dr. Wahlig bestätigte, dass das dritte Bild «eine sehr starke Ähnlichkeit» mit Bischof Ramirez y Fuenleal aufweist, der soeben zum Generaladministrator von Mexiko ernannt worden war. «Diese Entdeckung ergänzt die anderen entsprechenden Entdeckungen wissenschaftlicher Natur», schloss Dr. Wahlig, «die in auffallender Weise die Worte jener Menschen bestätigen, die vor ein paar hundert Jahren lebten (das heisst der Historiker), dass das heilige Bild in Wahrheit ein Bild vom Himmel ist.»[74]

In einem Brief vom 6. Dezember 1979 an den Verfasser erklärte Dr. Wahlig: «Grosse Genugtuung verschaffte uns das Gemälde von Miguel Cabrera, dem grössten mexikanischen Maler der Kolonialzeit. In seinem Gemälde, das die Szene der Entstehung des Bildes darstellt, zeigt er drei Personen in etwa derselben Position, wie sie sich in den Augen der Gottesmutter widerspiegeln. Dieses Bild wurde etwa 1750 gemalt, was ein Beweis dafür ist, dass die Überlieferung stimmt, dass im Moment der Entstehung des heiligen Bildes die Szene sich so zutrug.»

Das betreffende Gemälde hängt gegenwärtig in der alten Basilika von Guadalupe und zeigt Bischof Zumárraga mit dem Gesicht zu Juan Diego, Juan Gonzales und Bischof Fuenleal gewandt. Unsere Liebe Frau muss sich daher direkt hinter Bischof Zumárraga befunden haben, das Gesicht den drei Männern zugewandt, die vor ihm standen und deren Bilder sich in ihren Augen widerspiegeln sollten – eine höchst erstaunliche Offenbarung, welche die Vorsehung für die Entdeckung durch die Wissenschaft in einem ungläubigen Zeitalter, vier Jahrhunderte später, aufsparte.

Die Firma Kodak verkündet:
Das Bild hat den Charakter einer Fotografie

Die wissenschaftliche Beweisführung über die Bilder in den Augen erhielt zusätzliche Unterstützung im Jahre 1963, als Mitglieder der Geschäftsleitung von Kodak S.A. in Mexiko verkündeten, dass das heilige Bild seinem Wesen nach den Charakter einer Fotografie habe. Nun hatten nur die Wissenschaftler noch festzustellen, ob es möglich war, physikalisch den übernatürlichen Ursprung des heiligen Bildes nachzuweisen.

Ein Schritt in dieser Richtung wurde im Mai 1979 getan, als zwei amerikanische Wissenschaftler von hohem Rang, Professor Philipp Callahan von der Universität Florida und Professor Jody Smith von Pensacola/Florida, durch neuere Untersuchungen an dem Turiner Grabtuch angeregt, rund sechzig Fotoaufnahmen von dem heiligen Bild machten, davon viele in Infrarotfotografie, um festzustellen, ob vorherige durch Künstler ausgeführte Malereien zugrunde lagen.

Um Aufschluss über die Herkunft des Bildes zu gewinnen, wurden computervergrösserte Fotografien studiert. Professor Jody Smith erklärte zu Beginn seiner Arbeit: «Ich bin daran interessiert, das zu tun, was William James vor hundert Jahren sagte: Religion und Wissenschaft in Einklang zu bringen. In unserer Kultur leben wir Leben, die zu sehr in Fachrichtungen eingeengt (compartmentalised) sind.»

Professor Callahan war in hohem Masse für diese Aufgabe qualifiziert. Der Verfasser vieler wissenschaftlicher Werke war auch ein geübter Maler und Fotograf und eine Autorität auf dem Gebiet der Infrarotstrahlungen, vor allem in der Erforschung auf die Wirkungen, die sie auf Moleküle haben. Professor Jody Smith, der zuvor die Genehmigung erhalten hatte, das heilige Bild zu untersuchen, befand, dass Professor Callahan der ideale Wissenschaftler sei, um ihm bei den Untersuchungen zu assistieren.

Die Infrarotfotografie ist die modernste und umfassendste Methode zur Untersuchung alter Gemälde und Dokumente, um ihre historische Herkunft, die Methode ihrer Komposition und die Echtheit zu bestimmen. Da Pigmente infrarotes Licht unterschiedlich weiterleiten und reflektieren, vermag dieses fotografische System Übermalungen und Änderungen bzw. Fälschungen aufzudecken. Die durchdringenden Wellenlängen des Infrarotlichts können durch Lackschichten oder Schmutzdecken hindurchsehen und das Originalgemälde blosslegen und sogar bestimmen, welcher Natur die Grundierung oder darunterliegende Leimung ist, vorausgesetzt, dass die Grundierungsschicht nicht zu dick ist. Professor Callahan erklärte in seinem anschliessenden Bericht: «Keine Untersuchung eines Kunstwerkes kann als vollständig angesehen werden, bevor die Techniken der Infrarotfotografie angewandt worden sind. Sicherlich ist auch keine einwandfreie wissenschaftli-

che Untersuchung ohne eine solche Analyse vollständig.»
Die Untersuchungen wurden am 7. Mai 1979 von 9.00 Uhr bis Mitternacht an der Tilma selbst durchgeführt, in Gegenwart eines Bischofs, eines Polizeibeamten und einer Anzahl von Arbeitern. «Es mag sein, dass es uns nie möglich sein wird, den Umhang (die Tilma) zu begreifen», liess Professor Jody Smith einleitend verlauten, «aber der Weg, es zu versuchen, ist der, alle uns möglichen Forschungen zu unternehmen.» Die Ergebnisse ihrer sorgfältigen Untersuchung sind wie folgt zusammengefasst:

Das Bild hat einen einzigartigen Rang

Das Bild aus dem Jahre 1531 kann wissenschaftlich nicht erklärt werden. Seine Farbgebung und die Erhaltung seiner Frische über die Jahrhunderte sind unerklärlich. Mit Sicherheit ist keine Untermalung, keine Grundierung und keine schützende Lackierung auf dem Bild vorhanden. Ohne Grundierung hätte die Tilma schon vor Jahrhunderten verfallen müssen, und ohne schützende Leimung hätte das Bild schon längst ruiniert sein müssen, da es sehr lange Zeit Kerzenrauch und anderen Verschmutzungen ausgesetzt war. Unter starkem Vergrösserungsglas weist das Bild keine wahrnehmbaren Zeichen von Verschleiss oder Rissigkeit auf, was nach mehr als 450 Jahren seiner Existenz ein unerklärliches Vorkommnis ist. Starke Linsen deckten auch die erstaunliche Tatsache auf, dass das grobe Gewebe der Tilma mit Bedacht in gezielter Weise benutzt wurde, um dem Gesicht Tiefe (Dimension) zu geben. «Es mag merkwürdig aussehen, wenn ein Wissenschaftler so etwas sagt», schloss Professor Callahan, «doch ich für mein Teil muss sagen, dass das Orginalbild ein Wunder ist.»

Weiter sagte er: «Das Gesicht der Jungfrau ist ein Meisterwerk an künstlerischem Ausdruck. Die Feinheit und Zartheit seines Aussehens, die Schlichtheit seiner Ausführung, die Tönung und Farbe des Gesichts stellen es in einen einzigartigen, nur ihm ganz eigenen Rang. Die infraroten Nahaufnahmen zeigen keine Pinselstriche, und das Fehlen einer Leimung ist offenkundig in den vielen ungefüllten Zwischenräumen, die in dem Material zu sehen sind. Ein solches Phänomen ist ‹phantastisch›!»

Die Wissenschaftler waren sich einig, dass das edle Antlitz einen fast lebendigen Eindruck macht, vor allem in dem Bezirk um den Mund, wo jene grobe, sich aus dem Gewebe hervorhebende Faser die Lippe hervortreten lässt und ein dreidimensionales Aussehen vermittelt. Ähnliche Effekte gibt es unter der linken Wange und rechts neben und unter dem rechten Auge. Professor Callahan hielt es für unmöglich, dass irgendein menschlicher Maler eine Tilma ausgesucht haben könnte, bei der die Unvollkommenheiten im Gewebe genau so angebracht sind, dass sie Licht und Schatten betonen, um solch einen realistischen Eindruck hervorzurufen.

Die beiden Wissenschaftler waren insbesondere davon beeindruckt, dass das grobe Material Lichtbrechung verursacht. Aus der Nähe betrachtet haben das Gesicht und die Hände eine grau-weisse Farbe, die langsam in oliv übergeht, je mehr man zurücktritt – etwas, das ein menschlicher Maler unmöglich hätte fertigbringen können. «Derselbe Effekt findet sich in der Natur, wenn die Farben sich verändern, sobald man sie aus verschiedenen Winkeln betrachtet, wie z.B. Vogelfedern, Schmetterlinge oder die Flügel farbiger Käfer», bemerkte Professor Callahan.

Das rosa Gewand und vor allem der blaue Mantel der Gottesmutter verdienen nähere Untersuchung, da alle die bekannten Pigmente, die hätten verwendet werden können, schon längst verblasst und vergilbt wären.

Die glühendheissen mexikanischen Sommer hätten nur noch dazu beigetragen, diesen Prozess zu beschleunigen. Doch die Farben haben sich so leuchtend und frisch erhalten, als ob sie soeben erst aufgetragen worden wären. Es stellte sich heraus, dass die rosa Farbe des Gewandes Infrarotlicht durchlässt, was ein weiteres Mysterium ist. Die meisten rosa Pigmente sind undurchlässig (opak) für Infrarotlicht, doch bei den wenigen, die sich auf dem Bild befinden, ist dies nicht der Fall.

So hoch zu schätzen Professor Callahans Untersuchung auch ist, scheint er sich doch mit der Behauptung zu irren, die Zonen, die in der Vergangenheit retuschiert wurden, wären tatsächlich gemalte Hinzufügungen, die hundert Jahre nach der Entstehung an dem Bild vorgenommen wurden. Denn wie die Kopie des Bildes von Lepanto beweist, ist diese Theorie unhaltbar. Genaueste visuelle Inspektionen des Bildes durch eine Anzahl von Fachleuten in der jüngsten Vergangenheit, vor allem jene, die Dr. Charles J. Wahlig in der Nacht vom 5. September 1975 durchführte, zeigen deutlich an, dass die Zonen, die Professor Callahan als gemalte Hinzufügungen zu dem Originalbild ausgibt, lediglich Übermalungen mit Farben waren. So ist ein ursprünglicher weisser Sonnenstrahl unter dem abblätternden Blattgold der Strahlen zu sehen, und ein ursprünglicher, viel kleinerer Mond ist noch unter der jetzigen Mondsichel zu sehen, die mit Silberfarbe aufgetragen wurde, sich jedoch inzwischen schwarz verfärbt hat – und so weiter.

Das Gesicht und die Hände wurden dunkler gemalt. Die Hände wurden verkleinert, anscheinend, um der Gottesmutter ein mehr mexikanisches Aussehen zu geben. Mit einem Vergrösserungsglas können noch

Spuren einer helleren Tönung auf der Haut darunter gesehen werden. Auch das linke Auge wurde retuschiert, mit Sicherheit nach 1923; denn eine sorgfältige Untersuchung an Fotografien, die in jenem Jahr gemacht wurden, zeigen im linken Auge genau so deutlich wie im rechten Auge drei Reflexe. Offenbar ist die teilweise Verundeutlichung dieser Bilder im linken Auge der mangelnden Sorgfalt des Malers zuzuschreiben, der die Lidränder nachzeichnete.

«Die Untersuchung des Bildes war das bewegendste Erlebnis meines Lebens», schloss Professor Callahan. «Indem ich es so nahe vor mir hatte, hatte ich dasselbe eigenartige Empfinden, wie es anderen erging, die an dem Turiner Grabtuch arbeiteten. Ich glaube bis zu einem gewissen Grad an logische Erklärungen. Man kann Lebendiges in Atome zerlegen – doch was kommt danach? Selbst Einstein sagte: ‹Gott.›»

«Am Ende wird mein unbeflecktes Herz triumphieren»

Am Ende unseres Berichtes über die Geschichte von Guadalupe angekommen, können wir nicht umhin zu fragen, welche Bedeutung das heilige Bild für unsere heutige Welt hat, die von der Sünde durchtränkt und von einem Nuklearkrieg bedroht ist. Warum ist die kurze Lebensdauer des Agavestoffes der Tilma unerklärlicherweise auf vierhundertfünfzig Jahre verlängert worden? Warum hat das empfindliche Material die Beschmutzung durch Millionen von Händen und von Kerzenrauch ausgehalten, während selbst der harte Fels der Lourdesgrotte nachgeben musste? Und vor allem: Warum hat eine göttliche Hand im Jahre 1921 die Zerstörung der schutzlosen Tilma durch eine starke Bombe abgehalten, die genau darunter explodierte?

Wenn die Antwort einfach heisst, dass die Gottesmutter wollte, dass ihr heiliges Bild bei den Völkern der westlichen Hemisphäre fortbestehen sollte, müssen wir erneut nach dem «Warum?» fragen. Hat sie eine vorherbestimmte Absicht mit den beiden Amerika – will sie sie vielleicht ihres letztendlichen Schutzes versichern, wie Papst Pius XII. meinte?

Wir wissen, dass sich heute der Teufel in einem letzten grossen Angriff gegen die Frau befindet, die ausersehen ist, ihm den Kopf zu zertreten. Ihr schliesslicher Triumph wurde am 13. Juli 1917 in Fatima vorhergesagt. «Am Ende wird mein unbeflecktes Herz triumphieren.» Doch sie wies warnend darauf hin, dass vor diesem Ende, das der fromme Wunsch nur herbeisehnen kann, der Feind seinen Angriff noch verstärken werde, da er sieht, dass seine Zeit abläuft. Es lassen sich überall genügend Beispiele anführen für den wilden Krieg, den die Mächte der Hölle gegen *die Frau* und ihre Kinder führen. Man braucht nur an den brutalen Angriff auf Michelangelos Pietà zu erinnern, den ein Mann ausführte, der «Ich bin der Teufel» schrie; oder an den blasphemischen Schimpf, der Unserer Lieben Frau von Guadalupe noch ein paar Monate davor im Jahre 1972 zugefügt wurde, als ein amerikanischer Filmdirektor mit Absicht den Abt des Heiligtums über sein wahres Vorhaben betrog und seine Schauspielergruppe diabolische Rituale und pornographische Szenen innerhalb des Heiligtums ausführen liess. Solche abscheuliche Sakrilege sind bezeichnend für die erschreckende Macht des Satans. «Wir stehen alle unter einer dunklen Macht», warnte Papst Paul VI. in seiner Ansprache im November 1972 angesichts der Verbreitung von Irrtümern in der katholischen Lehre und angesichts von Teufelsanbetung und Okkultismus. «Es ist Satan, der Fürst dieser Welt, der Feind Nummer Eins.»

Es gibt eine auffallende Parallele zwischen unserem

eigenen Zeitalter und der aztekischen Zivilisation unmittelbar vor den Erscheinungen im Jahre 1531. Heute wie damals wird die Gesellschaft von Gottlosigkeit beherrscht, von heidnischen Ausschreitungen und Unmoral. Zahllose Unschuldige werden heute lebendig auf den Altären der Abtreibung geopfert. Überall machen sich «falsche Götter» breit. Die aztekische Polygamie und Verderbtheit werden durch den heutigen weltweiten moralischen Verfall mehr als wettgemacht. Ein Konflikt scheint unvermeidlich und unmittelbar bevorstehend, wie es im Jahre 1531 der Fall war.

Doch es ist noch nicht alles verloren. Die dunkelste Stunde wird unwiderruflich zerschmelzen in der strahlenden Morgendämmerung des Triumphes der Gottesmutter über die Schlange. Eine kleine Minderheit erfüllt die Forderung der Gottesmutter von Fatima aus dem Jahre 1917. Durch ihr Beten ohne Unterlass und durch persönliche Opfer – wie z. B. durch die Sühnenächte – werden sie das Gleichgewicht der Waage, das durch so viel absichtlich Böses durcheinander geraten ist, wiederherstellen. Wie im Jahre 1531, als nur einige wenige Geistliche um Erlösung von dem Bösen beteten, kann auf das Gebet der wenigen Beter hin Maria eingreifen und die Mächte der Finsternis mit dem Glanz ihrer Gegenwart überwältigen.

Dies ist vielleicht die letzte Bedeutung, die das heilige Bild in Mexiko-Stadt für uns heute hat. Vor vierhundertfünfzig Jahren wurde uns ein greifbares Zeichen der Hoffung von der Mutter Christi hinterlassen, die auch unsere Mutter ist, wenn wir uns als Brüder und Schwestern ihres Sohnes bekennen. Sie gab uns dieses Zeichen zur Stärkung in einer Zeit, da der weltweite rationalistische Aufstand gegen Gott tobt und jetzt seinen furchtbaren Höhepunkt erreicht. Vom Zentrum des amerikanischen Kontinents erstrahlt ein Leuchtturm der Sicherheit in einer angstvollen Welt, ein Stern über dem Sturm, eine himmlische Freiheitsstatue, die das Licht der Welt emporhebt: Die Wahrheit, die die Menschen wirklich frei machen wird – und verkündet dem Volk, das im Finstern wohnt, die wunderbare Botschaft von einer Hoffnung, die erbeben und jubeln macht:

«Ich bin deine erbarmungsreiche Mutter, die Mutter aller, die vereint in diesem Lande leben, und der ganzen Menschheit; all jener, die mich lieben, die zu mir rufen, die Vertrauen in mich haben! Hier will ich ihr Weinen und ihre Sorgen anhören, will ihre Leiden, Nöte und ihr Unglück heilen und lindern... Nichts soll dich erschrecken, nichts dich betrüben. Fürchte keine Krankheit, weder Kummer noch Schmerz. Bin ich denn nicht hier, deine Mutter? Bist du denn nicht in meinem Schatten, unter meinem Schutz? Bin ich nicht der Brunnen deines Lebens? Bist du nicht in den Falten meines Mantels? In der Beuge meiner Arme? Brauchst du noch mehr als das?»

TOTUS TUUS – GANZ DEIN

Das Wappen von Papst Johannes Paul II., der als erster Papst Guadalupe besucht und dort ein wunderbares Gebet gesprochen hat. Das «M» in seinem Wappen weist auf Maria hin. Sein Wahlspruch: «Totus tuus – Ganz Dein, Maria».

Der Urbericht über Guadalupe

Der Nican Mopohua

Den Lesern dieses Buches soll der erste schriftliche Bericht über Guadalupe, der hier so oft erwähnte «Nican Mopohua» («Hier wird berichtet»), nicht vorenthalten werden. Geschrieben wurde dieser Bericht von dem aztekischen Gelehrten Don Antonio Valeriano, einem Neffen des Kaisers Montezuma. Er trat 1532 als Zwölfjähriger in die von Bischof Zumárraga gegründete Schule «Heilig Kreuz» ein. Er war mit Juan Diego und Juan Bernardino befreundet und schrieb nach ihren Berichten – zwischen 1540 und 1550 – den «Nican Mopohua» in aztekischer Sprache unter Verwendung lateinischer Buchstaben nieder.

Pfarrer Mario Rojas Sánchez aus der Diözese Huejutla/Mexiko, dessen 1978 erschienene Übersetzung ins Spanische[1] als Vorlage für die hier folgende deutsche Übersetzung diente, erwähnt in seinem Vorwort, dass «die seriösesten Forscher über Guadalupe» Valeriano den «Evangelisten der Erscheinungen» und den «Nican Mopohua – Das Evangelium Mexikos» nennen. Im Vorwort führt er neun Übersetzungen des «Nican Mopohua» aus Nahuatl ins Spanische an. Für die «Causa» Juan Diegos im Jahre 1666 diente eine spanische Übersetzung von Luis Becerra Tanco, die posthum 1675 in seinem Werk «Felicidad de México» erschien. Dass das Werk 1896 auch in lateinischer Sprache erschien, unterstreicht die Bedeutung, die diesem «Evangelium Mexikos» zukommt.

Der «Nican Mopohua» war ursprünglich nicht, wie in der nachfolgenden Übersetzung, in «Verse» aufge-

---

[1] Zweisprachige Ausgabe (linke Spalte Nahuatl, rechte Spalte Spanisch), mit Kommentaren zu einzelnen Versen und reicher Literaturangabe. 48 Seiten. Erschienen am 15. August 1978 bei Imprenta «Ideal», Mexiko 19, D.F.

teilt. Da er aber Gegenstand zahlreicher wissenschaftlicher, kommentierter Arbeiten war, erwies sich eine solche Einteilung als notwendig.

Rojas-Sánchez schreibt im Vorwort, dass «der fast abgrundtiefe Unterschied zwischen Nahuatl und Spanisch» Erklärungen erfordere. Wir beschränken uns hier auf einige wenige Erklärungen.

— Zu Vers 38: «Mein Kind». Diese Bezeichnung ist eine Höflichkeitsformel der Azteken, die dem Adel vorbehalten war.

— Zu Vers 119: «Unter meinem Schatten»: Die Indianer suchten in oder unter den Bäumen Schutz vor der glühendheissen Sonne.

— «In den Falten meines Gewandes»: Die indianischen Mütter hüllen ihre Kinder in ihr Gewand ein und tragen sie auf dem Rücken.

— «In der Beuge meiner Arme» bedeutet, dass die Muttergottes einen jeden von uns auf den Armen, nahe ihrem Herzen, trägt.

— «Brunnen des Lebens»: Indem Maria uns Christus gibt, gibt sie uns den «Quell des Lebens und der Heiligkeit» (Litanei vom Heiligsten Herzen Jesu).

Mit diesen Worten antwortete die Muttergottes auf die Worte Juan Diegos (vgl. Vers 55): «Ich habe es selbst nötig, geführt zu werden, auf dem Rücken getragen zu werden...»

Zu den vielen Wiederholungen (vgl. «Dein Hauch, Dein Wort») sagt Rojas-Sánchez, dass sie Eigentümlichkeiten der aztekischen Sprache sind.

Die Übersetzerin

Der Nican Mopohua – Der Urbericht über Guadalupe

Aus dem Spanischen übersetzt von Maria Branse

Hier wird der Reihe nach erzählt, wie vor kurzem auf wunderbare Weise die Vollkommene (Perfecta) heilige Jungfrau Maria, Mutter Gottes, unsere Königin, dort auf dem Tepeyac, der Guadalupe genannt wird, erschienen ist.

Zuerst liess sie sich von einem armen Indio mit Namen Juan Diego sehen; danach erschien ihr wunderbares Bild vor dem kürzlich angekommenen Bischof Don Fray Juan de Zumárraga.

1. Zehn Jahre nach der Eroberung der Stadt Mexiko, als schon die Pfeile und Schilde niedergelegt waren, als überall bei den Völkern Friede war,

2. sowie der Glaube hervorkeimen und grünen, seine Blumenknospen auftun konnte: und zwar die Kenntnis von dem, durch den wir leben: den wahren Gott.

3. Zu jener Zeit, im Jahre 1531, in den ersten Tagen des Monats Dezember, geschah es, dass es einen Indio gab, einen armen Mann aus dem Volke.

4. Sein Name war Juan Diego, der, wie es heisst, Bürger aus Cuautitlan war,

5. und in den religiösen Dingen (cosas de Dios) gehörte er in allem zu Tlatilolco.

6. Es war Samstag, sehr früh am Morgen; er ging Gott und seinen Geboten nach.

7. Und als er bei dem kleinen Hügel angekommen war, der Tepeyac genannt wird, begann es schon zu tagen.

8. Er hörte singen oben auf dem Hügelchen, wie ein Gesang von vielen schönen Singvögeln; als ihre Stimmen verstummten, war es, als ob der Hügel Antwort gebe, über alle Massen süss,

wonnevoll; die Gesänge übertrafen den des *coyolototl* und des *tzinitzcan* und anderer schöner Singvögel.

9. Juan Diego blieb stehen, um zu schauen. Er sagte sich: «Bin ich vielleicht würdig, verdiene ich es, zu hören, was ich höre? Vielleicht träume ich nur? Vielleicht sehe ich es wie im Traum?

10. Wo bin ich? Wo befinde ich mich? Vielleicht dort, wovon die Alten, unsere Vorfahren, wovon unsere Ahnen das Wort hinterliessen: Im Lande der Blumen, im Lande des Mais, im gelobten Land, vielleicht in dem himmlischen Land?»

11. Dorthin schaute er, hinauf zu dem Hügelchen, zu der Seite, wo die Sonne aufgeht, von wo der wunderbare himmlische Gesang herkam.

12. Und als der Gesang plötzlich aufhörte, als er sich nicht mehr vernehmen liess, da hörte er, wie er von oben von dem Hügelchen gerufen wurde, wie jemand sagte: «Juanito, Juan Dieguito!»

13. Dann wagte er, dorthin zu gehen, von wo man ihn rief; keine Verwirrung war in seinem Herzen, nichts beunruhigte ihn, vielmehr fühlte er sich über alle Massen fröhlich und zufrieden; er begann, auf den Hügel hinaufzusteigen, um zu sehen, von wo er gerufen wurde.

14. Und als er auf dem Gipfel des Hügelchens ankam, sah er ein Edelfräulein (Doncella), das dort stand.

15. Sie rief ihn, dass er näher zu ihr komme.

16. Und als er vor ihr angekommen war, bewunderte er, in welcher Weise über alle Beschreibung ihre vollkommene Hoheit und Herrlichkeit (perfecta grandeza) alles übertraf:

17. Ihr Gewand leuchtete wie die Sonne, als ob es von Licht widerstrahle,

18. und der Stein, der Felsen, auf dem ihr Fuss stand, als ob er von Strahlen sprühe;

19. der Glanz von ihr schien wie Edelsteine, wie der schönste Schmuck,

20. die Erde, als ob sie aufleuchte von dem Glanz des Regenbogens.

21. Und die Mezquite-Kakteen und *nopales* und die übrigen Kräutlein, die dort gewöhnlich wachsen, sahen wie Smaragde aus. Wie Türkis sah ihr Blätterwerk aus, und ihre Zweige, ihre Dornen, ihre *aguates* leuchteten wie das Gold.

22. In ihrer Gegenwart warf er sich nieder. Er lauschte ihrem Hauch, ihrem Wort, das ausserordentlich verherrlichend (glorificadora), höchst liebenswürdig war, wie von jemandem, der ihn sehr liebte und hochschätzte.

23. Sie sagte: «Höre, mein kleinster Sohn, Juanito. Wohin gehst du?»

24. Und er antwortete ihr: «Meine Herrin, Königin, mein Mägdelein, dorthin gehe ich, zu Deinem lieben Haus in Mexico Tlatilolco, um den Dingen Gottes nachzugehen, die uns jene geben, uns lehren, die die Ebenbilder (imágines) unseres Herrn sind.»

25. Sogleich, in diesem Zwiegespräch mit ihm, offenbarte sie ihm ihren kostbaren Willen:

26. Sie sagte: «Wisse, verstehe genau, mein kleinster Sohn, dass ich die Vollkommene (Perfecta) heilige Jungfrau Maria, die Mutter des einzigwahren (verdaderísimo) Gottes bin, durch den das Leben ist, des Schöpfers der Menschen, des Herrn, der nah und unmittelbar ist (Dueño de la cercanía y de la inmediación), des Herrn des Himmels, des Herrn der Erde. Ich wünsche sehr, dass man mir hier mein Heiligtum errichtet,

27. wo ich meine ganze Liebe, mein Mitleid und Erbarmen, meine Hilfe und meinen Schutz,

28. wo ich allen Menschen meine persönliche Liebe in meinem barmherzigen Blick, in meiner Hilfe, in meiner Rettung erweisen werde:

29. Denn ich bin in Wahrheit eure mitleidsvolle Mutter,

30. die deine und aller Menschen, die in diesem Land vereint sind,

31. und der anderen Stämme der Menschen, die mich lieben, jener, die zu mir rufen, die mich suchen, die ihr Vertrauen in mich setzen,

32. denn hier will ich ihr Weinen, ihre Sorgen anhören, um ihre Leiden, ihre Nöte, ihre Schmerzen zu heilen.

33. Und damit ich verwirklichen kann, was mein mitleidiger barmherziger Blick vorhat, gehe zu dem Palast des Bischofs in Mexiko, und du sollst ihm sagen, dass ich dich sende, und du sollst ihm kundtun, wie sehr ich wünsche, dass er mir hier ein Haus, dass er mir in der Steppe (llano) eine Kirche errichtet; alles sollst du ihm erzählen, was du gesehen und bewundert und gehört hast.

34. Und sei versichert, dass ich dir sehr dankbar sein werde und dich dafür belohne,

35. dass ich dich dafür reich machen und verherrlichen werde;

36. und du wirst dafür grosse Verdienste erlangen, womit ich dir deine Mühe, deinen Dienst vergelte, wenn du die Angelegenheit sorgsam ausführst, in welcher ich dich sende.

37. Nun hast du meinen Hauch, mein Wort gehört, mein kleinster Sohn; geh nun, tu (was) dein Möglichstes (ist).»

38. Und sogleich warf er sich in ihrer Gegenwart nieder; er sagte zu ihr: «Meine Herrin, mein Kind, ich gehe schon, um deinen ehrwürdigen Hauch, dein ehrwürdiges Wort auszuführen; für jetzt scheide ich von Dir, ich, Dein armer kleiner Indio.»

39. Dann ging er hinab, um seinen Auftrag auszuführen: und er ging und kam zu dem Damm und ging geradewegs nach Mexiko.

40. Als er in der Stadt angekommen war, da ging er unverzüglich zum Palast des Bischofs, der erst vor ganz kurzer Zeit angekommen war, zu dem regierenden Priester (gobernante Sacerdote); sein Name war Don Fray Juan de Zumárraga, Priester im Orden des heiligen Franziskus.

41. Und kaum angekommen, da macht er den Versuch, ihn zu sehen, er bittet seine Diener, seine Gehilfen, dass sie gehen und es ihm sagen;

42. nachdem lange Zeit vergangen war, kamen sie und riefen ihn, als der Herr Bischof befahl, dass er hereinkomme.

43. Und sobald er eintrat, da kniete er vor ihm nieder, warf er sich nieder, dann tat er ihm kund, erzählte er ihm den kostbaren Hauch, das kostbare Wort der Himmelskönigin, ihre Botschaft, und er sagte ihm auch alles, was er bewundert, was er gehört hatte.

44. Und nachdem der Bischof seine ganze Erzählung angehört hatte, seine Botschaft, so als ob er sie nicht für sehr sicher halte,

45. antwortete er ihm, sagte er ihm: «Mein Sohn, du musst einmal wiederkommen und ich werde dich in Ruhe anhören und ich werde von Anfang an die Gründe betrachten, erwägen, weswegen du gekommen bist, deinen guten Willen, deinen Wunsch.»

46. Er ging hinaus; er wurde traurig, weil sein Auftrag nicht unverzüglich ausgeführt wurde.

47. Dann ging er zurück, als der Tag zu Ende ging, dann ging er von dort direkt zum Gipfel des Hügelchens

48. und er hatte das Glück, die Königin des Himmels zu treffen: dort an derselben Stelle, wo sie ihm das erstemal erschienen war, erwartete sie ihn.

49. Und sobald er sie sah, warf er sich vor ihr nieder, er warf sich zur Erde, er sagte zu ihr:

50. Kleine Patronin (Patroncita), Herrin, Königin, mein Mägdelein, ich war schon dort, wohin Du mich gesandt hast, um Deinen gütigen Hauch, Dein gütiges Wort zu erfüllen, wenn es auch schwierig war, dort einzutreten, wo der regierende Priester wohnt, sah ich ihn, legte ich vor ihm Deinen Hauch, Dein Wort dar, wie Du mir aufgetragen hast.

51. Er empfing mich freundlich und hörte es sich genau an, doch nach dem, wie er mir antwortete, verstand er es nicht, hält er es nicht für wahr.

52. Er sagte zu mir: «Du musst einmal wiederkommen, und ich werde dich in Ruhe anhören, von Anfang an werde ich das betrachten, weswegen du gekommen bist, deinen Wunsch, deinen Willen.»

53. Ich sah genau daraus, wie er mir antwortete, dass er denkt, dass ich Dein Haus, das Du wünschest, dass man es Dir hier mache, vielleicht nur erfinde oder dass es vielleicht nicht von Deinen Lippen kommt.

54. Ich flehe Dich sehr an, meine Herrin, Königin, mein Mägdelein, dass Du einen von den Vornehmen, den Angesehenen, einen der bekannt ist, respektiert, dass Du ihn beauftragst, dass er Deinen gütigen Hauch, Dein gütiges Wort ausführe, dass er es überbringe, damit sie es glauben.

55. Denn ich bin in Wahrheit nur ein Mann vom Lande, ich bin *mecapal,* bin ein Holzbrett, bin das Ende vom Schwanz, bin eine Schaufel; ich habe es selbst nötig, geführt zu werden, auf dem Rükken getragen zu werden, es ist kein Ort für mich, dorthin zu gehen, wohin Du mich sendest, mein Jungfräulein (Virgencita), meine kleine Tochter, Herrin, Kind;

56. bitte erlasse es mir; mit Kummer betrübe ich Dein Antlitz, Dein Herz; ich werde Dir nur

Verdruss machen, Dein Missfallen hervorrufen, meine Herrin, meine Gebieterin.»

57. Es antwortete ihm die Vollkommene (Perfecta) Jungfrau, die der Ehre und Verehrung würdig ist:

58. «Höre, mein kleinster Sohn, sei versichert, dass meiner Diener, meiner Botschafter nicht wenige sind, denen ich auftragen könnte, meinen Hauch, mein Wort zu überbringen, damit man meinen Willen ausführt;

59. aber es ist sehr notwendig, dass du, persönlich, hingehst, bittest, dass durch deine Vermittlung mein Wunsch, mein Wille ausgeführt wird.

60. Und ich bitte dich sehr, mein kleinster Sohn, und mit Strenge gebiete ich dir, dass du morgen noch einmal zum Bischof gehst.

61. Und in meinem Namen lasse ihn meinen Wunsch, meinen Willen wissen und hören, damit er ausführe, damit er mache mein Gotteshaus, das ich von ihm verlange.

62. Und wohl, sage ihm erneut, auf welche Weise ich, persönlich, die Immerwährende (Siempre) Jungfrau Maria, ich, die ich die Mutter Gottes bin, dich sende.»

63. Juan Diego seinerseits antwortete ihr, sagte ihr: «Meine Herrin, Königin, mein Mägdelein, dass ich doch nicht Dein Antlitz, Dein Herz mit Leid betrübe; voller Freude werde ich hingehen und Deinen Hauch, Dein Wort ausführen; auf keinen Fall werde ich unterlassen, es zu tun, noch erachte ich den Weg als Mühe.

64. Ich werde hingehen und Deinen Willen ausführen, aber vielleicht werde ich nicht angehört, und wenn angehört, wird mir vielleicht nicht geglaubt.

65. Morgen nachmittag, wenn die Sonne untergeht, werde ich Deinem Wort, Deinem Hauch das zu-

rückbringen, was mir der regierende Priester antwortet.

66. Nun verabschiede ich mich respektvoll von Dir, meine kleinste Tochter, Jungfräulein (Jovencita), Herrin, mein Kind, ruhe wohl inzwischen.»

67. Und dann ging er nach Hause, um zu ruhen.

68. Am folgenden Tag, Sonntag, noch recht früh in der Nacht (en la nochecilla), alles war noch ganz dunkel, ging er von dort fort, aus seinem Haus, er begab sich direkt nach Tlatilolco, er kam, um das zu lernen, was Gottes ist, und in der Liste gezählt zu werden, um danach den Herrn Bischof zu sehen.

69. Und es war gegen zehn Uhr, als er soweit war; er hatte Messe gehört und war in die Liste eingetragen worden, und die Menge hatte sich zerstreut.

70. Und Juan Diego ging dann zum Palast des Herrn Bischofs.

71. Und sobald er ankam, durchfocht er wieder den ganzen Kampf, um ihn zu sehen, und mit viel Mühe sah er ihn wieder;

72. und er kniete zu seinen Füssen nieder, er weinte, er wurde traurig, als er zu ihm sprach, als er ihm das Wort, den Hauch der Königin des Himmels kundtat.

73. Gott möge doch geben, dass die Botschaft, der Wille der Vollkommenen (Perfecta) Jungfrau geglaubt werde, ihr heiliges Haus zu machen, zu errichten, dort wo sie es gesagt hatte, dort wo sie es wünschte.

74. Und der regierende Bischof fragte ihn sehr viele Dinge, erforschte ihn, um sich vergewissern zu können, wo er sie gesehen hatte, wie sie aussah; absolut alles erzählte er dem Herrn Bischof.

75. Und obwohl er ihm absolut alles erklärte und alles, was er gesehen und bewundert hatte, so dass es mit aller Klarheit offenbar wurde, dass sie die Vollkommene (Perfecta) Jungfrau war, die

liebenswerte, wunderbare Mutter unseres Erlösers, unseres Herrn Jesus Christus,

76. da sah es der Bischof dennoch nicht ein.

77. Er sagte, dass man nicht nur auf sein Wort, seine Bitte mache, ausführe, was er verlange:

78. dass irgendein anderes Zeichen sehr notwendig wäre, damit man glauben könne, dass ihn die Königin des Himmels persönlich sende.

79. Sobald Juan Diego dies hörte, sagte er zum Bischof:

80. «Herr Gouverneur, überlege, welches Zeichen du verlangst, denn dann werde ich hingehen und es von der Königin des Himmels verlangen, die mich gesandt hat.»

81. Und als der Bischof sah, dass er es verwirklichen wollte, dass er überhaupt nicht zögerte noch zweifelte, da entliess er ihn.

82. Und als er ging, da sandte der Bischof einige aus seinem Haus, zu denen er absolutes Vertrauen hatte, dass sie hinter ihm hergehen, dass sie gut beobachten sollten, wohin er gehe, wen er sehe, mit wem er spreche.

83. Und so geschah es. Und Juan Diego ging dann geradezu. Er ging über den Damm.

84. Und wo die Schlucht ist, in der Nähe des Tepeyac, auf der Holzbrücke, verloren sie ihn plötzlich, die ihm folgten. Und obwohl sie überall suchten, sahen sie ihn nirgends.

85. Und so gingen sie zurück. Nicht nur erboste es sie, weil sie sich seinetwegen plagen mussten, sondern auch, weil er ihre Absicht vereitelte.

86. So gingen sie hin und erzählten es dem Herrn Bischof. Sie setzten ihm in den Kopf, dass er ihm nicht glauben solle, sie sagten ihm, dass er ihm nur Lügen erzähle, dass er das, was er ihm sage, nur erfinde, oder dass er sich das, was er ihm sage, was er von ihm begehre, nur einbilde.

87. Und so beschlossen sie, dass sie ihn, wenn er noch einmal hierher zurückkommen sollte, pakken und schwer bestrafen würden, damit er nicht noch einmal wiederkäme und Lügen erzähle, noch die Leute zum Narren halten würde.

88. Unterdessen war Juan Diego bei der Allerseligsten Jungfrau und brachte ihr die Antwort, die der Bischof gegeben hatte.

89. Als die Herrin sie vernahm, sagte sie zu ihm:

90. «Es ist gut, mein Söhnchen, du wirst morgen hierher zurückkommen, damit du dem Bischof das Zeichen bringen kannst, das er von dir verlangt.

91. Damit wird er dir glauben und wird nicht an dir zweifeln noch dich verdächtigen;

92. Und wisse, mein Söhnchen, dass ich dir deine Sorgfalt und die Arbeit und Mühe, die du für mich auf dich genommen hast, vergelte.

93. Eja, nun geh; morgen erwarte ich dich hier.»

94. Und am folgenden Tag, Montag, als Juan Diego das Zeichen bringen sollte, damit ihm geglaubt würde, da ging er nicht hin.

95. Denn als er zu Haus ankam, hatte seinen Onkel mit Namen Juan Bernardino eine Krankheit befallen, er war sehr schwer krank.

96. Gleich lief er und rief den Arzt, gleich tat er alles für ihn, aber es war schon zu spät, er war schon schwerkrank.

97. Und als es Nacht wurde, bat ihn sein Onkel, dass er, wenn es Morgen werde, wenn es noch dunkel wäre, aufbrechen möge nach dort, er gehen möge, um in Tlatilolco einen Priester zu rufen, damit er komme und ihm die Beichte höre, damit er komme und ihn vorbereite,

98. denn er war sicher, dass es schon die Zeit, schon der Ort zum Sterben wäre, denn er würde nicht mehr aufstehen, nicht mehr geheilt werden.

99. Und am Dienstag, als es noch tiefe Nacht war, ging Juan Diego von zu Hause fort, um in Tlatilolco den Priester zu rufen.

100. Und als er neben dem Hügelchen angekommen war, wo das Gebirge endet, am Fusse des Hügels, wo der Weg vorbeiführt, an der Seite wo die Sonne untergeht, wo er früher immer herging, sagte er sich:

101. «Wenn ich auf diesem Weg weitergehe, kann es sein, dass diese Dame mich sieht, und sicher wird sie mich, wie früher, aufhalten, damit ich das Zeichen zu dem Kirchenregenten (gobernante eclesiástico) bringe, wie sie mir auftrug;

102. lass uns zuerst unsere Trübsal (erledigen), lass mich vorher in Eile den Ordenspriester rufen, denn mein Onkel tut nichts anderes als ihn erwarten.»

103. Sogleich ging er um den Hügel herum auf die andere Seite, stieg bis zur halben Höhe hinauf, und von dort ging er quer zur östlichen Seite, damit er schnell nach Mexiko komme, damit ihn die Königin des Himmels nicht aufhalte.

104. Er dachte, dass von dort, wo er die Kehre machte, ihn die nicht sehe, die vollkommen überall alles schaut.

105. Aber er sah sie, wie sie von dem Hügel herabkam, und dass sie ihn von dort erblickt hatte, wo sie ihn früher sah.

106. Sie kam ihm von der Seite des Hügels entgegen, sie schnitt ihm den Weg ab; sie sagte zu ihm:

107. «Was ist geschehen, mein kleinster Sohn? Wohin gehst du, wohin begibst du dich?»

108. Und er, vielleicht tat es ihm leid, oder vielleicht schämte er sich, oder vielleicht war er erschrokken, vielleicht war er verzagt geworden?

109. In ihrer Gegenwart fiel er nieder, er grüsste sie, er sagte zu ihr:

110. «Mein Jungfräulein (Jovencita), meine kleinste Tochter, mein Kind, gebe Gott, dass Du zufrieden bist; hast Du den Tag gut angefangen? Geht es Dir gut, meine Herrin, mein Kind?

111. Mit Kummer betrübe ich Dein Antlitz, Dein Herz. Ich muss Dich wissen lassen, mein Mägdelein, dass ein Diener von Dir, mein Onkel, sehr krank ist.

112. Eine grosse Krankheit hat ihn befallen, bestimmt wird er bald daran sterben.

113. Und nun gehe ich in Eile zu Deinem heiligen Haus nach Mexiko, um einen von den Geliebten unseres Herrn, einen von unseren Priestern zu rufen, damit er komme und ihm die Beichte höre und ihn vorbereite,

114. denn dafür sind wir ja geboren, die wir gekommen sind, um die Mühsal unseres Todes zu erwarten.

115. Aber wenn ich es ausgeführt habe, dann werde ich wieder hierher zurückkommen, um Deinen Hauch, Dein Wort zu überbringen, Herrin, mein Jungfräulein (Jovencita).

116. Ich bitte, entschuldige mich, hab noch ein bisschen Geduld mit mir, denn ich will Dich nicht betrügen, meine kleinste Tochter, mein Kind, morgen werde ich bestimmt in Eile zurückkommen.»

117. Als sie Juan Diegos Äusserungen angehört hatte, antwortete ihm die milde, Vollkommene (Perfecta) Jungfrau:

118. «Höre, nimm es in dein Herz, mein kleinster Sohn, nichts soll dich erschrecken, nichts dich bekümmern, nicht soll sich dein Antlitz, dein Herz betrüben. Fürchte nicht diese Krankheit noch irgendeine andere Krankheit oder einen Kummer, eine Betrübnis.

119. Bin ich denn nicht hier, deine Mutter? Bist du denn nicht in meinem Schatten und in meinem Schutz? Bin ich nicht der Brunnen deiner Freude? Bist du nicht in den Falten meines Mantels, in der Beuge meiner Arme? Brauchst du noch mehr als das?

120. Nichts sonst soll dich betrüben, dich bekümmern; nicht soll dich die Krankheit deines Onkels mit Leid bedrücken, denn er wird jetzt daran nicht sterben. Sei versichert, dass es ihm schon gut geht.»

121. (Und dann, im selben Augenblick, wurde sein Onkel geheilt, wie man danach erfuhr).

122. Und Juan Diego, als er das gütige Wort, den gütigen Hauch der Königin des Himmels hörte, war davon sehr getröstet, sein Herz war wohl davon beruhigt,

123. und er bat, dass sie ihn sofort zum regierenden Bischof sende, damit er ihm ein Zeichen, eine Bestätigung bringen könne, damit er glaube.

124. Und die Himmelskönigin gebot ihm, dass er auf den Gipfel des Hügelchens steige, wo er sie früher gesehen hatte.

125. Sie sagte zu ihm: «Gehe hinauf, mein kleinster Sohn, auf den Gipfel des Hügelchens, wo du mich gesehen hast und wo ich dir Aufträge gab.

126. Da wirst du sehen, dass verschiedene Blumen dort sind. Pflücke sie, sammle sie, lege sie zusammen; dann komm hierher herab, bringe sie hierher, in meine Gegenwart.»

127. Und Juan Diego stieg dann auf das Hügelchen hinauf,

128. und als er auf dem Gipfel angekommen war, bewunderte er sehr, wieviele verschiedenste, blühende Blumen es gab, ihre Knospen geöffnet, schön und herrlich, während es noch nicht ihre Zeit war:

129. zu jener Jahreszeit erstarrte ja alles vor Frost.

130. Sie verströmten einen allerlieblichsten Duft. Sie waren voll von nächtlichen Tautropfen wie von edlen Perlen.

131. Dann begann er sie zu pflücken, er sammelte sie alle, er legte sie in seine Tilma hinein.

132. Gewiss war der Gipfel des Hügelchens kein Ort, wo es irgendwelche Blumen geben konnte; nur eine Menge schroffer Felsenspitzen, Feigendisteln, Dornen, *nopales, mezquites.*

133. Und wenn es gelegentlich einige Kräutlein dort gab, so war damals der Monat Dezember, in welchem der Frost alles frisst, es vernichtet.

134. Und sogleich kam er herab, er kam, um dem himmlischen Kind die verschiedenen Blumen zu bringen, die er gepflückt hatte,

135. und als sie sie sah, nahm sie sie mit ihren ehrwürdigen Händen;

136. dann legte sie sie wieder in seine Tilma hinein, sie sagte zu ihm:

137. «Mein kleinstes Söhnchen, diese verschiedenen Blumen sind der Beweis, das Zeichen, das du dem Bischof bringen sollst;

138. in meinem Namen sollst du ihm sagen, dass er daraus meinen Wunsch erkennen und daher mein Verlangen, meinen Willen verwirklichen soll.

139. Und du..., du, der du mein Botschafter bist..., in dich ist absolutes Vertrauen gesetzt;

140. und ich gebiete dir mit grosser Strenge, dass du nirgends als in Gegenwart des Bischofs deine Tilma auftust und ihm zeigst, was du trägst.

141. Und du sollst ihm alles ganz genau erzählen, du sollst ihm sagen, dass ich dir gebot, auf den Gipfel des Hügelchens zu steigen, um Blumen zu pflücken, und alles, was du gesehen und bewundert hast,

142. damit du den regierenden Priester überzeugen kannst, damit er dann anfange, das zu tun, was sein Möglichstes ist, damit man mein Gotteshaus mache, es errichte, wie ich verlangt habe.»

143. Und nachdem ihm die Himmelskönigin ihren Auftrag gegeben hatte, machte er sich auf zu dem Damm, er ging direkt nach Mexiko; er war froh.

144. So war denn sein Herz in Frieden, denn es wird alles gut ausgehen, es wird alles sehr gut werden.

145. Sehr sorgfältig hält er das, was drinnen in seinem Gewand ist, damit es nicht geschehe, dass etwas herausfalle.

146. Er geniesst den Duft der verschiedenen edlen Blumen.

147. Als er am Palast des Bischofs ankam, trafen ihn der Türhüter und die übrigen Diener des regierenden Priesters,

148. und er flehte sie an, sie möchten ihm sagen, dass er ihn gern sprechen möchte, doch keiner wollte es tun; sie taten, als ob sie ihn nicht verstünden, oder vielleicht war es deswegen, weil es noch sehr dunkel war.

149. Oder vielleicht, weil sie schon wussten, dass er sie nur belästige, nur aufdringlich wäre,

150. und ihre Hausgenossen, jene die ihm gefolgt waren, hatten ihnen schon erzählt, dass sie ihn aus den Augen verloren hatten.

151. Er wartete sehr lange Zeit, dass man seine Bitte erfülle.

152. Und als sie sahen, dass er schon sehr lange Zeit da war, da stand, den Kopf gesenkt, ohne etwas zu tun, ob er gerufen würde, und als ob er etwas trage; da also näherten sie sich ihm, um zu sehen, was er trage, und um sich Klarheit zu verschaffen.

153. Und als Juan Diego sah, dass er auf keinerlei Weise vor ihnen verbergen konnte, was er trug, und dass sie ihn deshalb belästigen würden, ihn fortstossen oder ihn vielleicht schlagen würden, liess er sie ein bisschen sehen, dass es Blumen waren.

154. Und als sie sahen, dass es alles verschiedene edle Blumen waren und dass es nicht die Zeit war, da es Blumen gibt, bewunderten sie sie sehr, wie frisch sie waren, wie ihre Knospen geöffnet waren, wie gut sie rochen, wie schön sie aussahen.

155. Und sie wollten sie greifen und einige herausnehmen;

156. dreimal geschah es, dass sie sich erkühnten, danach zu greifen, doch auf keine Weise konnten sie es tun,

157. denn wenn sie es versuchten, konnten sie nicht mehr die Blumen sehen, sondern sie sahen sie wie gemalt, oder gestickt, oder eingenäht in der Tilma.

158. Unverzüglich liefen sie, um dem regierenden Bischof zu sagen, was sie gesehen hatten.

159. Dass ihn der Indio zu sehen wünschte, der schon ein paarmal gekommen war, und dass er schon sehr lange Zeit draussen stehe und auf die Erlaubnis warte, denn er wollte ihn sehen.

160. Und als der regierende Bischof dies hörte, merkte er, dass jenes der Beweis war, um ihn zu überzeugen, um auszuführen, was der brave Mann von ihm verlangte.

161. Sogleich befahl er, dass er komme und er ihn sehe.

162. Und nachdem er eingetreten war, warf er sich in seiner Gegenwart nieder, wie er es schon früher getan hatte.

163. Und erneut erzählte er ihm, was er gesehen, bewundert hatte, und (erzählte ihm) seine Botschaft.

164. Er sagte ihm: «Mein Herr, Gouverneur, ich tat, ich führte aus, was du mir befohlen hast;

165. so ging ich und sagte es der Herrin, meiner Gebieterin, dem himmlischen Kind, der heiligen Maria, der geliebten Mutter Gottes, dass du einen Beweis verlangtest, um mir glauben zu können, dass du für sie ihr heiliges Haus machest, dort wo sie verlangt, dass du es errichtest.

166. Und ich sagte ihr auch, dass ich dir mein Wort gegeben habe, zu kommen und dir ein Zeichen zu bringen, einen Beweis für ihren Willen, wie du es mir aufgetragen hast.

167. Und sie lauschte genau deinem Hauch, deinem Wort, und sie nahm mit Wohlgefallen deine Forderung nach dem Zeichen, dem Beweis auf, damit ihr geliebter Wille getan, damit er vollzogen werde.

168. Und nun, als es noch Nacht war, sandte sie mich, dass ich noch einmal komme, dich zu sehen;

169. und ich bat sie um den Beweis, damit mir geglaubt werde, so wie sie gesagt hatte, dass sie ihn mir geben werde, und sie erfüllte es unverzüglich.

170. Und sie schickte mich auf den Gipfel des Hügelchens, wo ich sie früher gesehen hatte, damit ich dort verschiedene Rosen aus Kastilien pflücke.

171. Und wenn ich sie gepflückt hätte, sollte ich sie zu ihr herabbringen;

172. und mit ihren heiligen Händen nahm sie sie,

173. erneut legte sie sie in meine Ayate hinein,

174. damit ich sie dir bringen könne, damit ich sie dir persönlich geben solle.

175. Obwohl ich gut wusste, dass der Gipfel des Hügelchens nicht der Ort ist, wo Blumen wachsen,

weil es nur eine Menge spitziger Felsen, Disteln, *huizaches, nopales, mezquites* (Gestrüpp) dort gibt, zweifelte ich nicht deswegen, noch zögerte ich deswegen.

176. Als ich auf dem Gipfel des Hügelchens angekommen war, sah ich, dass es das Paradies war.

177. Dort waren schon vollkommen all die verschiedenen kostbaren Blumen, die schönsten, die es gibt, voll von Tau, herrlich strahlend, so dass ich dann anfing, sie zu pflücken;

178. und sie sagte mir, dass ich sie dir in ihrem Namen geben solle und dass ich es so beweisen würde; du solltest das Zeichen sehen, das du von ihr verlangt hast, um so ihren geliebten Willen auszuführen,

179. und damit es offenbar würde, dass mein Wort, meine Botschaft wahr ist.

180. Hier hast du sie; bitte empfange sie!»

181. Und dann breitete er seine weisse Tilma aus, in die hinein sie die Blumen gelegt hatte.

182. Und sobald die verschiedenen kostbaren Blumen zu Boden fielen,

183. da verwandelte sie (die Tilma) sich dort in ein Zeichen, es erschien plötzlich das geliebte Bild der Vollkommenen (Perfecta), der heiligen Jungfrau Maria, der Mutter Gottes, in der Form und Gestalt, wie es jetzt ist.

184. Dort, wo es jetzt aufbewahrt wird in ihrem geliebten kleinen Haus, in ihrem kleinen Heiligtum dort auf dem Tepeyac, der Guadalupe genannt wird.

185. Und als der regierende Bischof es sah, und alle die dort waren, knieten sie nieder, bewunderten sie es sehr,

186. sie standen auf, um es zu sehen, sie waren traurig, sie betrübten sich, das Herz, die Gedanken erstaunt...

187. Und der regierende Bischof bat ihn mit Weinen, in Betrübnis, er begehrte von ihm Verzeihung, dass er nicht gleich ihren Willen, ihren ehrwürdigen Hauch, ihr ehrwürdiges Wort ausgeführt hatte.

188. Und als er aufstand, löste er von seiner Schulter, wo es zusammengebunden war, das Gewand, die Tilma von Juan Diego,

189. auf der erschienen war, auf der sich in ein Zeichen verwandelt hatte die Königin des Himmels.

190. Und dann trug er sie (die Tilma) fort, dorthin ging er und brachte sie in seinem Oratorium unter.

191. Und Juan Diego verbrachte noch einen Tag im Haus des Bischofs, er hielt ihn noch zurück.

192. Und am folgenden Tag sagte er zu ihm: «Auf, gehen wir, damit du zeigst, wo nach dem Willen der Himmelskönigin ihr Gotteshaus errichtet werden soll.»

193. Unverzüglich wurden die Leute ermuntert, es zu tun, es zu errichten.

194. Und Juan Diego, sobald er gezeigt hatte, wo die Herrin des Himmels befohlen hatte, dass ihr Heiligtum errichtet werden solle, da bat er um Erlaubnis:

195. Er wollte nach Hause gehen, um seinen Onkel Juan Bernardino zu sehen, der schwerkrank war, als er ihn verliess, um nach Tlatilolco zu gehen und einen Priester zu rufen, damit er ihm die Beichte höre und ihn vorbereite, von dem ihm die Königin des Himmels gesagt hatte, dass sie ihn geheilt habe.

196. Aber sie liessen ihn nicht allein gehen, sondern sie begleiteten ihn nach Hause.

197. Und als sie ankamen, sahen sie seinen Onkel, der schon gesund war, absolut gar nichts schmerzte ihn.

198. Und er, seinerseits, wunderte sich sehr, in welcher Weise sein Neffe begleitet und sehr geehrt wurde;

199. er fragte seinen Neffen, warum dies so geschehe, dass man ihn so sehr ehre.

200. Und dieser sagte ihm, wie ihm, nachdem er ihn verlassen hatte, um einen Priester zu holen, damit er ihm die Beichte höre, ihn vorbereite, dort auf dem Tepeyac die Herrin des Himmels erschienen war

201. und ihn nach Mexiko sandte zum regierenden Bischof, damit er ihr dort auf dem Tepeyac ein Haus errichte.

202. Und sie sagte ihm, dass er sich nicht sorgen solle, dass es seinem Onkel schon gut gehe, und dass er deshalb sehr getröstet war.

203. Sein Onkel sagte ihm, dass es stimme, dass sie ihn genau in dem Moment geheilt habe,

204. und er hatte sie in genau derselben Gestalt gesehen, wie sie seinem Neffen erschienen war.

205. Und er sagte ihm, wie sie auch ihn nach Mexiko gesandt habe, um den Bischof zu sehen,

206. und dass auch, wenn er hingehe, um ihn zu sehen, er absolut alles kundtun müsse, ihm im Zwiegespräch sagen müsse, was er gesehen hatte

207. und die wunderbare Weise, wie sie ihn geheilt hatte, und

208. dass man ihr heiliges Bild dort nennen, dass man ihr dort den Namen geben solle: Vollkommene (perfecta) Jungfrau, heilige Maria von Guadalupe.

209. Und dann brachten sie Juan Bernardino in die Gegenwart des regierenden Bischofs, sie brachten ihn, damit er mit ihm spreche, damit er Zeugnis gebe,

210. und zusammen mit seinem Neffen Juan Diego behielt ihn der Bischof ein paar Tage als Gast in seinem Haus,

211. bis sich das kleine Heiligtum des Kindes, der Königin dort auf dem Tepeyac erhob, wo sie Juan Diego erschienen war.

212. Und der Herr Bischof übertrug in die Hauptkirche das geliebte Bild des geliebten himmlischen Kindes.

213. Er ging und holte es aus seinem Palast, aus seinem Oratorium, worin es war, damit alle es sähen, es bewunderten, ihr geliebtes Bild.

214. Und absolut diese ganze Stadt, ohne dass einer fehlte, war erschüttert, als sie kamen, um ihr kostbares Bild zu sehen, zu bewundern.

215. Sie erkannten seinen überirdischen (divino = göttlichen) Charakter.

216. Sie kamen und brachten ihr ihre Bittgebete dar.

217. Sie bewunderten sehr, auf welche wunderbare Weise sie erschienen war,

218. denn absolut kein Mensch von der Erde hatte ihr geliebtes Bild gemalt.

Anmerkungen

[1] Die Stelle dieses Tempels wurde am 21. Februar 1978 entdeckt, einen Steinwurf weit von der Kathedrale in Mexiko-Stadt entfernt. Es finden zur Zeit ausgedehnte Ausgrabungen dort statt.

[2] Diaz del Castillo, 1908–16, Band 2, Kap. 88.

[3] Diese Auffassung findet anschaulichen Ausdruck in einer Anzahl von Stichen der Neuen Welt aus der Zeit der Entdeckungen durch Christoph Columbus. Doch gewisse hochgestellte Spanier, allen voran Königin Isabella, bestanden darauf, dass die Indios wirkliche menschliche Wesen seien, und jene, die nach Spanien gebracht wurden, wurden auf Befehl der Königin freigelassen. Bei seiner Intervention in der Debatte im Jahre 1587 erliess Papst Paul III. das Breve *Cardinali Toletano* und die Bulle *Sublimis Deus,* in welcher er die Menschenwürde der Indios verteidigte. Fünf Jahre später erliess Karl V. seine Leyas Nuevas (Neue Gesetze) für «Westindien», wodurch die Mexikaner freie Untergebene der spanischen Krone wurden.

[4] La Vida del Obispo Zumárraga, von Garcia Icazbalceta. Anhang.

[5] Nach einigen Historikern hätten die Azteken, wenn der Aufstand erfolgt wäre, die spanische Präsenz in Mexiko sicher ausgelöscht, womit sie tiefgreifend den Lauf der Geschichte verändert hätten. Vgl. *«Juan Diego»* von Dr. Charles Wahlig, Seite 77.

[6] Juan Diegos heidnischer Name war *Cuauhtlatohuac.* In vielen Büchern wird der Name Juan Diego mit «Hans Jakob» übersetzt, doch ist dies nicht korrekt. Spanische Namen wie Jago, Jimenez, Yago und Diego wurden alle frei mit «Jakob» übersetzt, doch für Diego gibt es kein genaues deutsches Äquivalent. Es ist die spanische Form des lateinischen «Didacus» und wurde durch einen spanischen Heiligen dieses Namens populär, der Franziskanerbruder auf den Kanarischen Inseln war († 1463).

[7] Juanito, Juan Dieguito, obwohl eine richtige Übersetzung des Diminutiv, kann nicht ganz die erlesene Höflichkeit, ja fast Ehrerbietung übermitteln, die der Endsilbe «tzin» in Nahuatl innewohnt. So wandte die Muttergottes sich an den Geringsten der Geringen! (In der Sprache der Eingeborenen sagte die Muttergottes: «Juantzin! Juan Diegotzin.» Vgl. auch die Endung «tzin» im Namen der Göttin Tonantzin, der Prinzessin Papantzin. d. Übers.).

[8] In dem vorangegangenen Jahrhundert hatte der aztekische König von Texcoco einen hohen Turm mit einem Götzenbild gebaut, dem «Unbekannten Gott, dem Schöpfer aller Dinge» gewidmet, wie der Chronist Axtilxochitl berichtet, der auch ein Nachkomme des Königs war. Diese Gottheit wurde genannt «Tloque Nahuaque» («der uns ganz nahe ist» oder «der bei allen Dingen ist», oder «der gegenwärtig ist») – ein ausserordentlicher metaphysischer Ausdruck für Gottes Allgegenwart. Dieser Gott wurde auch «Ipalnemohuani» genannt («Er, durch den alles lebt»). Die allerseligste

Jungfrau Maria offenbarte sich vor Juan Diego und dem aztekischen Volk als die Mutter Gottes (vgl. *Historia,* Zeitschrift des Centro de Estudios Guadalupanos, Frankreich, Nr. 3, zweites Halbjahr 1978).

[9] Teocalli, wörtlich «Gotteshaus» (teotl = Gott, calli = Haus). Teocallis waren die Namen der Kultstätten, welche die Azteken oben auf ihren pyramidenartigen Götzentempeln bauten. So bat Maria um ein Teocalli, das auf dem pyramidenförmigen Hügel des Tepeyac erbaut werden sollte, wo ihr Sohn, der wahre Gott, angebetet werden wollte.

[10] Die Rolle der Gottesmutter als Mittlerin aller Gnaden, die hier unterstrichen wird, rührt von ihrer Mitwirkung bei der Erlösung her, da sie ihr *fiat* bei der Verkündigung anstelle und im Namen der ganzen Menschheit aussprach, um es mit den berühmten Worten des heiligen Thomas von Aquin zu sagen. Indem sie uns den Erlöser schenkte, schenkte sie uns alle Gnaden. Durch ihre freiwillig gegebene Einwilligung in die Fleischwerdung in ihrem Schoss fand jene geistliche Hochzeit zwischen dem *Wort* und der Menschheit statt, die so häufig von Kirchenvätern und Päpsten beschrieben wird. Vgl. *Ineffabilis Deus* (Pius IX.), *Octobri Mense* (Leo XIII.), *Adjutricem Populi* (Leo XIII.), *Ad Diem Illum* (Hl. Pius X.), *Mediator Dei* (Pius XII.) und andere.

[11] Nirgendwo ist zu lesen, was aus den Blumen geworden ist; auch eine mexikanische Ordensfrau konnte es mir nicht sagen. Vermutlich lösten sie sich auf, wie es am 13. Oktober 1917 in Fatima mit den Blumen geschah, die zur Erde «regneten» und sich auflösten. d. Übers.

[12] Manche Fachleute haben dafür die Übersetzung «Verborgener Fluss» oder «Lichtfluss».

[13] Vgl. La Felicidad de Mexico.

[14] Nachdem der Franziskaner Duns Scotus († 1308) jedoch in philosophischen Abhandlungen darlegte, dass Maria ohne Makel der Erbsünde empfangen sein *muss,* kann es sein, dass in der Ordenstradition Maria «die Unbefleckt Empfangene genannt wurde.

d. Übers.

[15] Das Wort «Gemälde» wird hier bildlich gebraucht.

[16] Dies bezieht sich auf die alte Basilika, die inzwischen wegen Bodensenkung geschlossen wurde.

[17] Auszug aus einem Brief von Coley Taylor an Columban Hawkin O.C.S.O.

[18] Diese Meinung wurde von Pater James Meehan S.J. in einem Artikel in *«The Jesuit Bulletin»,* April 1970, vorgetragen, ebenfalls von P. José de Guadalupe Mojica O.F.M. in *«Am I not here?»* («Bin ich denn nicht hier?») von P. Harold Rahm S.J., 1961, S. 69.

[19] *Estrella del Norte,* von P. Florencia S.J., S. 166.

[20] Vgl. *Estrella del Norte.*

[21] Zitiert in *«Our Lady of Guadalupe»* von P. George Lee O.C.S.Sp., 1946, S. 152.

[22] *Am I not here?*, von P. Harold Rahm S.J., 1961, S. 28.

[23] *La Virgen del Tepeyac: Compendio Historico-Critico*, von P. Anticolli, S. 45.

[24] Der *Nican Motecpana*, der kurz nach dem *Nican Mopohua* geschrieben wurde, berichtet über die Übertragung des heiligen Bildes von der Kathedrale zum Tepeyac.

[25] Vgl. *El Culto Guadalupano del Tepeyac*, von P. Fidel de Jesus Chauvet O.F.M., Mexiko, 1978.

[26] *A Handbook on Guadalupe*, Oktober 1895.

[27] *Indian History*, Tr. 2, c. 3, von P. Toribo.

[28] Predigt in Guadalupe, Oktober 1895.

[29] Indian History, Tr. 2, c. 3, von P. Toribo.

[30] Vgl. *La Virgen del Tepeyac: Compendio Historico-Critico*, von P. Anticolli S.J., worin viele Anekdoten über die Massenkonversionen der Azteken erzählt werden.

[31] A.a.O.

[32] *Juan Diego*, von Dr. C. Wahlig, 1972, S. 73.

[33] *Our Lady of Guadalupe*, von P. George Lee C.S.Sp., 1946, S. 280.

[34] Vgl. *El Culto Guadalupano del Tepeyac*, von P. Fidel de Jesus Chauvet O.F.M., Mexiko 1978.

[35] Eugene Boban, *Catalogue raisone de la collection de M.E. Goupil*, Paris 1891, Bd. II, S. 199.

[36] Bericht in *The Catholic Counter Reformation in the XXth century*, Oktober 1980, Nr. 127. Der Hinweis auf P. Beltran ist aus «*Treinta y dos milagros Guadalupanos historicamente comprobados*», Ed. Tradicien, Mexiko 1972, S. 10.

[37] *Our Lady of Guadalupe*, von P. George Lee C.S.Sp., 1946, S. 283.

[38] Vgl. *Quetzalcoatl und Guadalupe: die Bildung eines nationalen Bewusstseins in Mexiko*, von Jacques Lafaye, Gallimard, 1974. Die zahlreichen Zensuren und Mutmassungen wurden von Bruder Bruno Bonnet-Eymard in *The Catholic Counter-Reformation in the XXth Century*, Nr. 127, Oktober 1980, mit Schärfe zurückgewiesen und widerlegt.

[39] *Our Lady of Guadalupe*, S. 102.

[40] *Kan. Veras Contestación*, S. 439.

[41] Vgl. *El Culto Guadalupano del Tepeyac*, S. 24, von P. Fidel de Jesus Chauvet OFM., Mexiko 1978, der mehrere andere Zeugen aus der allerfrühesten Zeit vor 1556 anführt.

[42] A.a.O.

[43] *Bibliothèque Nationale, Fonds Mexican.*, Nr. 243, Fol. 11−13. Der Verfasser verdankt diese Entdeckung dem scharfen Auge von Bruder Bonnet-Eymard.

[44] *The Catholic Counter-Reformation in the XXth Century*, Nr. 27, S. 21, Oktober 1980.

[45] Predigt, 14. Dezember 1777.

[46] *Estrella del Norte, S. 97.*

[47] Vor kurzem wurde in der National-Bibliothek von Mexiko ein Dokument aufgefunden, das einen Antrag einer Gruppe mexikani-

scher Bürger an Don Valeriano enthält und von ihm handschriftlich abgezeichnet wude. Vom 11. Januar 1573 datiert, bitten die Verfasser, dass Mitglieder des Chores des St. Gregor-Kollegs die Erlaubnis erhalten, in jenes Institut als Schüler einzutreten, und Don Valeriano wird gebeten, seine Autorität geltend zu machen, dass die Armen ihre Kinder in die Bildungsinstitute schicken können, die in Mexiko durch den König von Spanien gegründet wurden.

[48] *Hist. Verd. c. 209.*

[49] *Escudo de Armas,* S. 329.

[50] Anhang in *«La Vida del Obispo Zumárraga»*, von Garcia Icazbalceta.

[51] *El Culto Guadalupano del Tepeyac,* von P. Fidel de Jesus Chauvet OFM., Mexiko, 1978.

[51a] *Ian Wilson, Eine Spur von Jesus.* Herkunft und Echtheit des Turiner Grabtuches. Aus dem Englischen von Maria Branse, 343 Seiten, 40 Abbildungen, Herder-Verlag Freiburg. *Werner Bulst, Das Grabtuch von Turin,* 160 Seiten, Badenia-Verlag Karlsruhe.

[52] Die Fundamente der ersten Klause sind kürzlich bei Ausgrabungen aufgefunden worden.

[53] *Estrella del Norte*

[54] Ebd.

[55] Die Hypothese von gemalten Hinzufügungen wurde zuerst bei der Untersuchung mit Infrarotstrahlen im Jahre 1979 aufgestellt. Vgl. Kapitel 7 dieses Buches.

[56] *Hist. de la Compañia.* S. 29. Pater Anticoli S. J.

[57] Ebd., S. 133

[58] *Hist. de la Compañia,* Band I, Sp. 5

[59] *Ad Coeli Reginam.*

[60] Predigt in Guadalupe, 7. Oktober 1895.

[61] 12. Dezember 1894.

[62] *The Indian who saw Mary,* von Carmen Garcia (Der Indianer, der Maria sah; Originaltitel wahrscheinlich spanisch;   d. Übers.).

[63] *A Handbook on Guadalupe,* S. 118.

[64] *Juan Diego,* S. 13.

[65] Ansprache an Laienapostel, 8. März 1966.

[66] *Handbook on Guadalupe,* S. 20.

[67] *Maravilla Americana,* S. 10.

[68] Ebd., S. 2.

[69] *Our Lady of Guadalupe,* S. 165.

[70] *A Handbook on Guadalupe,* S. 119.

[71] Ein Traktat über physiologische Optik.

[72] Der ganze Bericht von Dr. Wahlig befindet sich als Anhang in seinem hervorragenden Buch *Juan Diego.*

[73] Es muss betont werden, dass Purkenje-Sanson-Bilder sich nicht fotografieren lassen.

[74] Vgl. *A Handbook on Guadalupe,* S. 63.

Zeittafel der Ereignisse

1531 9. Dezember: Erste und zweite Erscheinung der allerseligsten Jungfrau Maria vor Juan Diego auf dem Tepeyac.

1531 10. Dezember: Dritte Erscheinung der allerseligsten Jungfrau vor Juan Diego auf dem Tepeyac.

1531 12. Dezember: Vierte Erscheinung auf dem Tepeyac.
Entstehung des wunderbar geschaffenen Bildes in Gegenwart von Bischof Zumárraga.
Die Gottesmutter erscheint Juan Bernardino in Tolpetlac und
heilt ihn von einer Todeskrankheit.

1531 Dezember: Das Bild wird in der Privatkapelle des Bischofs
ausgestellt, wo es von Tausenden von Azteken verehrt wird.
Fertigstellung der ersten kleinen Kapelle *(Ermita)* auf dem
Tepeyac.

1531 26. Dezember: Das Bild wird in einer Triumphprozession von
Mexiko-Stadt auf den Tepeyac gebracht. Ein Mexikaner, der
unbeabsichtigt von einem Speer getroffen und getötet wird,
erhält vor dem Bildnis das Leben wieder zurück.

1533 Eine grössere Kapelle, die unter dem Namen *Secunda Ermita*
(Zweite Klause) bekannt ist, wird auf dem Tepeyac fertiggestellt. Das heilige Bild wird darin aufgenommen und beher-
bergt.

1539 Die Bekehrung Mexikos ist zum grossen Teil abgeschlossen.
8 000 000 (acht Millionen) Azteken nehmen den katholischen
Glauben an als direktes Ergebnis der Entstehung des heiligen Bildes.

1544 15. Mai: Juan Bernardino stirbt im Alter von 84 Jahren in Tolpetlac.

1544 Kinderwallfahrt zum Tepeyac zeitigt als unmittelbaren Erfolg das Aufhören einer todbringenden Seuche, der 12 000
Menschenleben zum Opfer fielen.

1545 Die *Nican Mopohua,* der früheste schriftliche Bericht über
die Erscheinungen, wird von Don Antonio Valeriano geschrieben.

1548 Juan Diego stirbt im Alter von 74 Jahren auf dem Tepeyac.

1556 Die dritte Ermita wird von D. Alonso de Montufar O.P., dem
zweiten Erzbischof von Mexiko, auf dem Tepeyac erbaut.

1557 Der Erzbischof von Mexiko bestätigt kirchlicherseits die
Wahrheit der Erscheinungen.

1570 Erzbischof D. Alonso de Montufar lässt ein Inventar der Erz-
diözese Mexiko an Phillipp II. von Spanien senden, wozu
auch die Kapelle der Ermita vom Tepeyac gehört. Gleichzei-
tig wird dem König ein Gemälde des heiligen Bildes gesandt,
das später eine bedeutende Rolle in der Schlacht von Lepanto spielen sollte.

1629 Bei einer unheilvollen Überschwemmung in Mexiko-Stadt

ertrinken 30 000 Einwohner. Das heilige Bild wird in einer Bootsprozession in die Stadt überführt und verbleibt in der Kathedrale, bis das Wasser gesunken ist.

1634 14. Mai: Nach dem Ende der Überschwemmung kehrt das heilige Bild in einer riesigen Dankprozession auf den Tepeyac zurück.

1709 April: Feierliche Kirchweihe der ersten Basilika Unserer Lieben Frau von Guadalupe auf dem Tepeyac.

1736 Mexiko wird von einer Typhusepidemie heimgesucht, die 700 000 Menschenleben fordert.

1737 27. April: Die Seuche endet, als Unsere Liebe Frau von Guadalupe zur Patronin des Landes proklamiert wird. Der 12. Dezember wird zum kirchlichen Festtag und bürgerlichen Feiertag bestimmt.

1754 24. April: In Rom gibt die Heilige Ritenkongregation ein Dekret heraus, womit ein Offizium und eine Messe zu Unserer Lieben Frau von Guadalupe bewilligt werden.

1754 In einer Bulle bestätigt Papst Benedikt XIV. Unsere Liebe Frau von Guadalupe als Patronin von Mexiko und wendet auf sie Psalm 147,20 an: «So hat er keinem andern Volk getan.»

1756 Erste gründliche Untersuchung des heiligen Bildes durch den berühmten Maler Miguel Cabrera und andere Künstler, die es für unmöglich erklären, eine perfekte Nachbildung des heiligen Bildes zu schaffen.

1777 Beginn der Arbeiten an der Brunnenkapelle auf dem Tepeyac auf der Ostseite des Platzes.

1791 Wunderbare Bewahrung des heiligen Bildes vor der Zerstörung durch Salpetersäure, die zur Reinigung des goldenen und silbernen Rahmens verwendet und durch Missgeschick verschüttet wird. Es bleibt nur ein Wasserfleck auf dem Bild zurück.

1802 In Cuautitlan, dem Geburtsort von Juan Diego, wird eine Kapelle errichtet.

1821 Kaiser Augustin de Iturbide stellt am Ende des mexikanischen Unabhängigkeitskrieges das Land feierlich unter die Obhut Unserer Lieben Frau von Guadalupe.

1890 Renovierung der Basilika Unserer Lieben Frau von Guadalupe.

1894 Papst Leo XIII. approbiert neues Offizium und Messe von Unserer Lieben Frau von Guadalupe.

1895 12. Oktober: Papst Leo XIII. genehmigt die erste Krönung des heiligen Bildes.

1910 24. August: Unsere Liebe Frau von Guadalupe wird durch Papst Pius X. zur Patronin von Lateinamerika proklamiert.

1921 14. November: Erneute wunderbare Bewahrung des heiligen Bildes bei der Explosion einer Bombe, die durch kirchenfeindliche Regierungsagenten unter dem Bild plaziert wurde, wobei nicht einmal die Glasplatte zersprang.

1929 In den Augen des Bildes wird durch Alfonso Gonzales die Widerspiegelung des Bildes eines Mannes entdeckt. Auf den Rat der Verwaltung des Heiligtums bleibt seine Entdeckung unveröffentlicht und wird erst 1960 bekanntgegeben.

1933 12. Dezember: Papst Pius XI. wiederholt in einem feierlichen Pontifikalamt in St. Peter in Rom die von Papst Pius X. erfolgte Proklamation Unserer Lieben Frau von Guadalupe zur Patronin von Lateinamerika.

1945 12. Oktober: In einer Radioansprache an das mexikanische Volk feiert Papst Pius XII. das Gedächtnis des 50. Jahrestags der ersten Krönung des heiligen Bildes.

1946 Untersuchungen ergeben, dass das Bild Unserer Lieben Frau keine Pinselstriche aufweist, was ein Beweis dafür ist, dass es nicht gemalt sein kann.

1951 Carlos Salinas untersucht das heilige Bild und bemerkt die widergespiegelten Bilder in den Augen.

1955 Ein kleiner Junge in Tolpetlac entdeckt das Steinkreuz, dort wo Juan Diego seinen todkranken Onkel fand.

1955 11. Dezember: In einer Radiomeldung wird bestätigt, dass das Bild eines Mannes, das in den Augen des Marienbildes zu sehen ist, mit Sicherheit das Bild von Juan Diego ist.

1962 Dr. Charles J. Wahlig, Augenarzt, New York, und Gattin entdecken zwei weitere Bildwiderspiegelungen in den Augen des Marienbildes, nachdem sie ein Foto des Gesichts in 25facher Vergrösserung studiert hatten. Dr. Wahlig erbringt durch Fotoexperimente den Beweis für die Möglichkeit solcher Bildwiderspiegelungen im menschlichen Auge.

1966 31. Mai: Papst Paul VI. sendet dem Bild Unserer Lieben Frau von Guadalupe eine goldene Rose.

1975 Übertragung des heiligen Bildes von der alten Basilika in ein daneben errichtetes neues, modernes Gotteshaus.

1979 Januar: Papst Johannes Paul II. besucht als erster Papst die Wallfahrtskirche Unserer Lieben Frau von Guadalupe.

1979 Mai: Das heilige Bild wird durch zwei amerikanische Wissenschaftler, Professor Callahan und Professor Jody Smith, einer Prüfung mit Infrarotstrahlung unterzogen. Ihr anschliessender Bericht bestätigt die übernatürliche Natur des Bildes. Nach diesen Untersuchungen sind drei Personen in den Augen zu sehen, was durch Fotografien belegt wird.

1981 Begehung der 450-Jahr-Feier der Erscheinungen.

1985 Am 19. September erschüttert ein schreckliches Erdbeben Mexiko-Stadt und richtet besonders in der Hauptstadt gewaltige Schäden an: 500 eingestürzte Häuser, 1000 schwer und 1000 leichter beschädigte. 25000 bis 30000 Todesopfer. Die Schäden an öffentlichen Gebäuden und der Infrastruktur werden auf 4 Milliarden Dollars geschätzt. Die Basilika und das Bild bleiben vollständig unversehrt (Schweizer Illustrierte vom 6. Januar 1986).

Literaturnachweis

Die folgenden neueren Werke sind von besonderer Bedeutung und wurden aus der ungeheuer grossen Literatur über Guadalupe ausgewählt.

Rovira, German, *Die Mutter der schönen Liebe, Die Marienverehrung im Leben der Kirche und der Christen* (enthält auf den Seiten 65 bis 88 ein Kapitel über Guadalupe), Würzburg, Naumann-Verlag, 1982.

Malinski, Mieczyslaw, Pauels und Hubert, *«Maria wir preisen Dich»* – *Papst Johannes Paul II. als Marienpilger um die Welt* (enthält auf den Seiten 103 bis 108 ein Kapitel über den Besuch des Papstes in Guadalupe), Aschaffenburg, Pattloch-Verlag, 1983.

Albus, Michael, Kaltefleiter und Werner, *Eine Frau mit der Sonne bekleidet, Papst Johannes Paul II. an den Stätten der Marienverehrung* (enthält Kapitel über Guadalupe, Seite 24 bis 29).

Behrens, Helen, *America's Treasure, The Virgin of Guadalupe,* 1964.

Und *The Lady and the Serpent,* 1966. Beide im Druck erschienen in Mexiko, Apartado 26732, Mexiko 14 D.F., 1964.

Burland, C.A. *Art and Life in Ancient Mexico.* Oxford, 1947.

Demarest, Donald und Taylor, Coley, *The Dark Virgin. The Book of Our Lady of Guadalupe.* A documentary anthology. Academy Guild Press, 1959.

Dyal, Paul, *Empress of America,* a pilgrimage brochure. Auto Viajes Internacionales, 1959.

Keyes, Frances Parkinson, *The Grace of Guadalupe.* New York, 1941.

Lee, Rev. George, *Our Lady of Guadalupe.* 1896.

Rahm, Rev. Harold, *Am I not here?* A.M.I. Press, Washington N.J. 1963.

Taylor, Coley, *Our Lady of the Americas.* Columbia, Dezember 1958.

Mönche der Trappisten-Abtei, *Our Lady of Guadalupe: the Hope of America.* Lafayette, Oregon.

Vaillant, G.C., *Aztecs of Mexico,* Pelican Books, 1965.

Wahlig, Dr. Charles, *A Handbook on Guadalupe,* 1974, und *Juan Diego,* 1972. Beide erscheinen bei der Franciscan Marytown Press.

White, Jon Manchip, *Cortes and the downfall of the Aztec Empire,* Hamilton, 1971.

Helvetia Mariana

Die Innerschweizer Schriftstellerin Ida Lüthold-Minder bietet in diesem Band erstmals eine Bestandesaufnahme marianischer Präsenz in unserem Lande. Diese Präsenz ist beachtlich, sowohl in ihrer äusseren Form – es werden 167 marianische Heiligtümer nachgewiesen – wie auch durch ihre geistige Ausstrahlung. Die marianischen Heiligtümer erstrecken sich über das ganze Gebiet unseres Landes: von Mariastein bei Basel bis zur Madonna del Sasso bei Locarno, von Maria Einsiedeln bis zur Notre-Dame in Genf, von Notre-Dame in Freiburg bis nach Ziteil hoch in den Bündner Alpen. Die Helvetia Mariana ist wesentlich älter als unsere CONFOEDERATIO HELVETICA (CH). Notre-Dame du Scex wurde um 600 gebaut, Glisacker bei Brig im Jahre 620, Rheinau 778, Santa Maria in Müstair im Jahre 800 usw. Die grosse Kathedrale Notre-Dame de Lausanne wurde vom Papst persönlich in Gegenwart des Kaisers Rudolf von Habsburg eingeweiht.

Helvetia Mariana ist ein echtes Volksbuch, das die vielen marianischen Gnadenstätten in unserem Lande dem katholischen Volk nahebringen möchte. Vor allem kommt in diesem Buch immer wieder zum Durchbruch: Mariologie ist nicht Selbstzweck. Echte Marienverehrung tut der Gottesverehrung keinen Abbruch. Maria schiebt sich nicht vor, sie präsentiert nicht sich, sondern Jesus. Es ist, wie es der Schweizer Maler Jakob Häne in seinem Gemälde «Maria, Mittlerin aller Gnaden» dargestellt hat: das Herz ihres Sohnes liegt auf ihrem Herzen, ihre Hände und Arme sind die verlängerten Hände und Arme des Jesuskindes. Möge dieses Zeugnis marianischer Frömmigkeit dazu beitragen, dass die reiche Geschichte und Tradition der Helvetia Mariana uns neu bewusst werde, dass die Liebe zur Muttergottes in den Herzen neu erwache, dass die vielen marianischen Zentren wieder zu lebendigen Zellen der Einkehr und des Gebetes werden und dass der urkatholische Brauch des Wallfahrens wieder intensiv gepflegt werde und unser religiöses Leben neu befruchte. Ein herrlich schöner Bildband, der auch in Ihrem Bücherregal stehen sollte.

Helvetia Mariana

Von Ida Lüthold-Minder. Format 15,5 × 21,5 cm, Leinen, 36 Zeichnungen, 11 Farbbilder, 54 Fotos, DM 53,−, Fr. 48.−.

Mater Dolorosa

Von Kardinal Charles Journet. 88 Seiten, 16 Bilder, DM/Fr. 7.80. Ein Meisterwerk der Meditation.

Die Seligpreisung der Gottesmutter

Hymnos Akathistos − Das älteste Marienlob der Christenheit. Übertragen von J. Siegen. 16 Seiten, A5, DM/Fr. 2.50.

Ich wurde in Lourdes geheilt

Von Ida Lüthold-Minder, 132 Seiten, 32 Bilder, DM/Fr. 7.80.

Maria Mittlerin

Von P. Hubert Pauels. 96 Seiten, DM/Fr. 7.80.

Der Rosenkranz

Theologie der Muttergottes von P. Tibor Gallus S.J., 104 Seiten, farbiger Umschlag, DM 9,80, Fr. 8.−.

Leben der heiligen Jungfrau Maria

Von Anna Katharina Emmerich. 453 Seiten, Leinen, DM 28,−, Fr. 25.90.

Die Tränen der Rosa mystica

Maria weint in Belgien von P. Gerhard Hermes. 3. Auflage, 50. Tausend, 32 Seiten, DM/Fr. 2.−.

«Die über alles schöne Frau»

Von Jean Barbet. 168 Seiten, 73 Photos, DM 12,−, Fr. 11.−. Die wahre Geschichte der heiligen Bernadette.

Das Gnadenbild von Guadalupe

ist im Christiana-Verlag auch als Farbposter erhältlich: Format 27 × 45 cm, mit einer zweiseitigen schriftlichen Erklärung. Nach einer von Abt W. Schulenberg OSB, dem Custos des Heiligtums, beglaubigten Aufnahme. Zum Einrahmen bestens geeignet. Preis DM/Fr. 4.50 plus Porto. Lieferbar sind auch farbige Postkarten: 10 Stück kosten DM/Fr. 3.−.

CHRISTIANA-VERLAG, CH-8260 STEIN AM RHEIN

Die Grosse Botschaft von La Salette

Von Johannes Maria Höcht. Auflage: 25000 Exemplare, 192 Seiten, 8 Photos, DM/Fr. 9.80. Neben Johannes Maria Höcht kommen in diesem Buch auch zwei berühmte französische Schriftsteller ausführlich zu Worte: Léon Bloy und Paul Claudel. Alle drei Männer haben La Salette in existentieller Ergriffenheit erlebt, und deshalb sind sie in der Lage, mit geradezu charismatischer Einfühlungsgabe das Geheimnis von la Salette zu deuten und zu kommentieren. Ein erschütterndes Buch.

Maria – Patronin Europas

Besinnungen und Gebete, 12 × 18 cm, 64 Seiten, 5 Abbildungen, DM/Fr. 3.50.

Vincenzo Faraoni
Der Papst der Immaculata

136 Seiten, 16 Bilder, DM/Fr. 9.80. Pius IX. war ein Geschenk für die Kirche, ein Gestirn in dunkler Nacht. Sein Dogma von der Unbefleckten Empfängnis Mariens wurde vier Jahre später vom Himmel in Lourdes ratifiziert.

Franz Grufik
Turzovka

Das tschechoslowakische Lourdes
3. Auflage: 30000 Exemplare, 136 Seiten, 32 Bildtafeln, DM/Fr. 7.80. In der Tschechoslowakei ist ein neues Lourdes im Entstehen begriffen. Genau 100 Jahre nach Lourdes ist die Mutter Gottes in Turzovka dem Waldaufseher Matousch Laschut erschienen.

Reinhard Schneider
Das Gebet von Loreto

288 Seiten, DM 17,80, Fr. 16.—. Dieses Buch zeigt, welche ungeahnten Schätze der Meditation und des Gebetes im «Gebet von Loreto», der Lauretanischen Litanei, verborgen sind. Die Lauretanische Litanei ist das kostbarste Diadem der Christenheit.

CHRISTIANA-VERLAG, CH-8260 STEIN AM RHEIN